ろ、

めぐる

ふく

話

外せ

朝日出版社

しの中身はあっという間にすべて取り出してしまい、他の引き出しを引っ張り出して逆さにしてももう大したものは出てこない。困りました（あまりに困ったので、あとからの大幅な加筆をお許しいただいたほどです）。

ということで、ここからお読みいただく6つの対話は、自由自在で核心を捉えた能町さんや編集のお二方のさまざまな言葉を受け止めようとする私の、七転八倒の記録でもあります。とはいえ、引き出しを全部開けて逆さにして振ってみせるのは、意外と悪いことでもなかったのかな、と思っています。おかげで私のタンスの引き出しの奥のほうに隠されていた迷いやためらい、矛盾までもが、余すところなくさらけ出されてしまったからです。逃げも隠れもしません、この本には、私にとってクィアとは何なのかの現時点での答えが、すべて詰まっています、と今は言いたい気分です。

……いや、これはいくらなんでも格好をつけすぎかもしれません。実際には、私がひとりで七転八倒している横で、能町さんは飄々（ひょうひょう）と、淡々と、金言としか呼びようのない言葉を次から次へと繰り出していた気もするのです。ただ、その数珠つなぎのような金言を引き出す触媒の役割を私が果たすことができていたなら、七転八倒した甲斐もあったのではないかな、と今は思っています。

もっと欲張りなことを言えば、やはり私が能町さんと、能町さんが私と対話したことによってしか出てこなかった言葉が、この本の中に記されていればいいな、とも思っています。それこそが対談の面白みですからね。読者のみなさんにそういう言葉が少しでも届けられたらよいのですが。

肝心の対話の内容について説明します。本書には、編集者のお二方の質問、そして能町さんと私の互いに対する手紙を出発点としてなされた、6つの対話が収められています。「LGBT」という言葉に回収されない性の多様性について語るところから始まり、能町さんも私も（あえてこうまとめるならば）「セクシュアル・マイノリティ当事者」であることに対する率直な心境の吐露とそこから見える景色を共有したうえで、好戦的であり、とどまるところをしらないクィアの懐疑と批判のスピリットを、具体的なトピックの間を縫いながら能町さんと私のふたりで味わっていく、という流れです。対談と執筆が新型コロナウイルスによる感染症の流行の時期と重なったこともあり、この話題についての会話が多く含まれているのも本書の特徴と言えると思います。

「普通」や「みんな」という言葉に己を託したり託さなかったり、託せたり託せなかったりする読者のみなさんを、風通しのよい、というよりは強風吹きすさぶ場所へと連れて行ってしまおうというのが私たちの企（たくら）みです。どうぞ、遠くまで吹き飛ばされてください。

本書の編集にあたっては、仁科えいさんと鈴木久仁子さんのおふたりに大変お世話になりました。新型コロナウイルスの猛威をくぐり抜けながらおふたりと本を作り上げることができたこと、とてもうれしく思っています。佐藤亜沙美さんには、能町さんと私の対話に息づくグルーヴ感や、そこから滲み出す本書のスピリットを見事に表した装幀を手がけていただきました。みなさん、ありがとうございました。

また、編集協力の小西優実さんには、トランスジェンダーにまつわる事項を中心にとくに私の発言に含まれるたくさんの問題点をご指摘いただきました。読みやすさを優先し、それらの点を私が最初から把握していたかのように改稿を加えることにしましたが、本書で私が「専門家」として語っていることに正しさが宿っているとすれば、その少なくない部分は小西さんの指摘に負っていることをここに告白しておきます。小西さん、ありがとうございました。もちろん、本書の記述に問題があるとすればその責任は著者ふたりにあることは言うまでもありません。

そして何より対談のお相手をしていただいた能町さん、本当にありがとうございました。能町さんに開けていただいた引き出しに新しい知識や感覚が収まっていく対話の時間は、私にとってとてもクィアな快楽に満ちていました。私たち、けっこう面白い対話ができたと思いませんか？

二〇二三年五月　森山至貴

「わからない」って言いたいだけじゃん 131

第3章 いい加減、そろそろ慣れてくれないかな
——マイノリティとマジョリティのあいだ

第4章 制度を疑い、乗りこなせ――「結婚」をおちょくり、「家族像」を書き換える

第5章 そんな未来はいらないし、私の不幸は私が決める
——流動する身体、異性愛的ではない未来

第6章 「出過ぎた真似」と「踏み外し」が世界を広げる

――「みんな」なんて疑ってやる

本書は、二〇二〇年六、八月、二〇二二年四、五月に行った対談をもとに構成し大幅に加筆したものです。なお、対談以降の出来事を適宜内容に加えております。

第1章

私たち「その他」は壮大なんですけど？

LGBTQ+、分類して整理したあとのその先の話

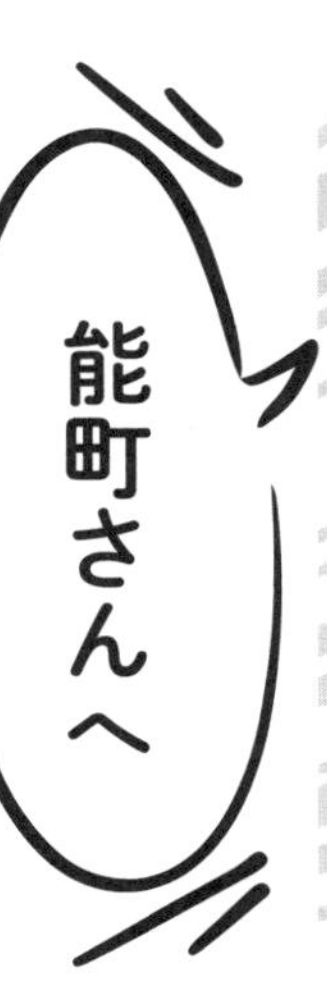

対談をお引き受けいただき、ありがとうございます。対談に先立って、なぜ能町さんとお話ししてみたいと思ったのか、その理由を少し書かせてください。「迷い」と「気分」の話です。

担当の編集者の方から、対談をベースにした本を作りませんかというお話をいただいたときに、添えられていた言葉に対する迷いが、ずっと私のなかにあります。その言葉は「(クィアの)自分ごと化」です。クィア・スタディーズを大学で教え、時には大学の外でもこの言葉を掲げて話したり書いたりしている私にとって、もちろん多くの人がクィア・スタディーズについて知ったり、クィアという言葉に賭けられた思想を理解し、それに共感してくれることはとても重要なことです。だから、クィアという言葉を他人ごととして扱われたら、私としてはやっぱり憤慨するとは思います。

けれども、もしクィアという言葉を自分ごととして扱うということが、性に関する多数派に属する人までもがみな「私も実はクィアな人間だ」「私の考え方にはクィアなところがあると思う」と思ったり言い出したりすることだとしたら、それは素晴らしいこととは私には思えないのです。それではクィアという語の意味がずいぶんと薄められてしまっているのでは、と疑問に思ったり、不安に感じたりすると思います。

いや、この言い方は正直ではないですね。私には、クィアという言葉に関して「あなたがそれを使うな」と言ってしまいたいときがあります。そしておそらくその背後には、クィアという言葉が含む「世のなかに背を向ける」「仲間に入れてもらおうとしない」といった気分がある。他方で、クィア・スタディーズについて話し、書き、そうやってそれを広めようとさえしている、そしてそれが可能な立場にいる私など、むしろその意味ではクィアなんかじゃ全然ない、「体制側」の人間なのでは、という不安もある。あらためて考えてみると、私自身のクィアという言葉に対する位置取りも、なんだかおぼつかなくなってきます。

だからこの対談では、他者に遠ざけられたくないと思いながら近寄ってくるなと思いもする、そんな「気分」についても含めて、クィアという言葉、あるいはクィア・スタディーズについて考えてみたいのです。そのためには、多様な生き方をその根底の部分で肯定しつつ、しかし「こうしてみんなが幸せになりました」といった美談めいた結論には疑いの目を向けるだろう、そういう思考の「癖」のようなものをお持ちの方とご一緒したい。そう考えるなかで真っ先に思い浮かんだのが、能町さんでした。

私は能町さんの「癖」を見誤っているでしょうか? あるいは、私のクィアという言葉に対する理解が誤っていて、それゆえの混乱に能町さんを巻き込んでしまうだけになるでしょうか? たしかにそうなるかもしれません。ただ私には、それでもなお、能町さんとの対談がとても面白く、そして私自身にとってとても意義深いものになるだろう、という予感だけははっきりと感じられるのです。その予感を信じて、対談に臨みたいと思います。どうぞよろしくお願いします。

森山至貴

「クィア」は強烈な侮蔑語から始まった

森山 能町さんは、ふだん、クィアっていう言葉をそもそも使われたり聞いたりします？

能町 口頭でも文章でも、正直、自分で使うことはまずないですね。聞くことも日常生活ではめったにないです。

クィアという言葉については、たしか二十年以上前、マツコ・デラックスさんがまだテレビに出る前の時期に『クィア・ジャパン』（一九九九年〜、勁草書房、Vol.5まで刊行）という雑誌に出ていたのをどこかで立ち読みして、そのとき初めて知ったんじゃないかと思います。

森山　『クィア・ジャパン』は、一九九〇年代のゲイムーブメントを牽引した伏見憲明（ふしみのりあき）さんが編集していたムックですね。「魅惑のブス」特集号では伏見さんが、ナンシー関さんとマツコ・デラックスさんと鼎談していたり、豪華でした。

能町　そう、ナンシー関さんがまだご存命のときですね。自分自身のセクシュアリティが当時どういう自覚であったかはちゃんと覚えていないんですけど、「クィア」っていう言葉はなんとなくこういう意味なんだろう、っていうことをそのときに把握した記憶があります。でもそれはかなり曖昧なもので。
　その後、「LGBT」っていう言葉が普及してきたなかで、「LGBTQ+」と書くときの「Q」がクィアであったり、クエスチョニング（自身の性や、性的に惹かれる他者の性について定まっていない、もしくは定めないあり方）であったりするということを知りました。だから、LGBT（レズビアン、ゲイ、バイセクシュアル、トランスジェンダー）というふうにくっきり四種類に分けられてしまうことに対する「その他」的なもの、LGBTにぴったり当てはまるわけじゃないよ、だけど、いわゆるマジョリティでもないよ、っていうときに便利な言葉というか、そのぐらいの認識になっていきましたね。今回、森山さんと対談するにあたって本を読ませていただいて、クィアという言葉の意味についてはもう少し固まってきましたけど。

森山　クィア・スタディーズは九〇年代に生まれた学問ですが、そのなかには能町さんがおっしゃったように、ＬＧＢＴを包含するだけではなく、ＬＧＢＴのどれにも含まれない性のあり方を無視せず、それらをクィアという言葉を使って指していく、という発想が含まれています。

『クィア・ジャパン』は一九九九年から二〇〇一年に刊行されましたが、一貫して男性同性愛者に焦点を当てていますね。もともとクィアっていうのは、男性同性愛者とかトランスジェンダーの女性に対するかなり侮蔑的な言葉です。日本語にあえて直すなら、ニュアンスとしては「オカマ」になるのかな。これでは侮蔑のニュアンスがだいぶ弱いかもしれないですけど。

ただし、たしかに「クィア」という言葉は当初、男性同性愛者やトランス女性への侮蔑語ではあったんですが、そののちには、ＬＧＢＴだけじゃないとか、なんでもＬＧＢＴのどれかに分類できはしない、と強調したい人たちが、この言葉を積極的に使っていったという歴史があるんですよね。にもかかわらず、「Ｌだけ」「Ｇだけ」「Ｂだけ」「Ｔだけ」見てちゃだめなんだっていうことを言いたくてクィアって言ってるんだっていうのを、多くの人が理解しているかというと、そんなことはない。

――クィア映画とか、ときどき見かけますが、なんとなくおしゃれな雰囲気みたいなイメージがついている印象はあります。

森山 たとえば、Netflixで放映されている『Queer Eye: More than a Makeover（クィア・アイ）』

（二〇一八年から放送）。「ファブ5（Fab Five）」と呼ばれるセクシュアル・マイノリティの五人が、困っている依頼人を変身させるという人気番組ですが、あそこに出てくるおしゃれな五人って、みんなゲイですよね。「おしゃれなゲイのことを最近ではクィアって言うのね」みたいな感じがあるかもしれない。

能町 ああ、たしかにそうですね。私も少し見ましたが、レギュラーメンバーの全員がいかにも洗練されたゲイで、あれが「クィア」の代表だと思われると誤解が生じそうです。

日本人は英語に詳しくないので、新しい言葉が出るとまずかっこいいものだと思って使いがちですよね。今のところ、まだクィアという言葉を常用しているのはごく少数だと思いますが、今後、下手すると、単純にLGBTを言い換えたかっこいい言葉として流行りかねないと思います。そもそも、LGBTの話題が出るときって、だいたいゲイが主体で語られますよね。

森山 それはまさに、クィア・スタディーズの歴史のなかで常に問題になっていることです。「セクシュアル・マイノリティ」とか「LGBTQ」とかいろいろな言葉で言ってるんだけど、結局どれもこれもゲイの話、みたいなところが往々にしてある。クィアという言葉自体も、そういうイメージで理解されてしまっているかもしれない。

能町 どんな言葉でもそうなんですけど、メジャーになっていけばいくほど誤解されてしまう矛盾というか、ジレンマがありますよね。

さっき、クィアは日本語でいうと「オカマ」という言葉に近いとおっしゃっていましたが、辞書で引くと「変態」って出てきたりもします。これは良いのか悪いのかわからないけど、日本語だと、意外と「変態」という言葉も近いかもしれない。変態っていう言葉って、他人を責めるときに使うこともありますけど、すごく気軽に言う人もいますよね。俺、変態なんだよね、みたいに。まあ、日本でセクシュアル・マイノリティの人が自ら変態だとはなかなか言わないですけど、本来は悪い意味の言葉だったのが、自虐的に使うことでメジャーになっていく、という例のひとつではありますよね。

森山　そうですね。変態って、たぶん二十年前ぐらいにはもっと単純な悪口だった気もするんですけど、『マツコの知らない世界』（TBSテレビ、二〇一一年から放送）でマツコ・デラックスさんは、ゲストを頻繁に「変態」と評していて、それが褒め言葉にもなっている。

それって『クィア・アイ』における「クィア」のニュアンスと近いかもしれない。

ただ、クィアはやっぱり相当強い侮蔑語なので、英語圏の学者のなかには、「クィア・スタディーズ」ではなく「レズビアン・スタディーズ」とか「ゲイ・スタディーズ」などを頑なに使う人もいます。

能町　へえ、そこまで強い侮蔑語なんですか！

森山　はい。「こんな単語、よくまあ学問の名前につけたな」感は、日本で、日本語で育った人にはなかなかわからないかもしれない。私も含めて、ですが。

――まだクィア・スタディーズを授業名に使っているところは少ないですよね。ＬＧＢＴとかジェンダーとか他の言葉に置き換えているのでしょうか。

森山 はい。それ以外に「セクシュアリティ論」と銘打ったりもしていますね。もちろん、これらの名前を冠していなくても、領域としては英文学や社会学を専門としていて、そのなかでクィア・スタディーズと接点を持ち、やはり英文学や社会学に関連したタイトルの授業のなかでクィア・スタディーズを教えている先生方もたくさんいらっしゃいます。

かくいう私も、もともと日本のゲイ男性について研究する社会学者、という自己意識が強かったので、クィア・スタディーズの専門家、と名乗ることにいまだに躊躇（ためら）いがあります。私の場合、たまたま「クィア・スタディーズ」を専門領域とする教員公募に採用されたことで、徐々に社会学者としてだけでなくクィア・スタディーズの専門家としてもしっかりしなければならないという自覚が芽生えた、という感じです。

能町 「クィア」は、森山さん自身にもしっくりくるまで時間がかかったんですね。

「あなたはＬＧＢＴですか？」は「老若男女ですか？」と同じ

――そもそも、クィア以前に「Ｌ」「Ｇ」「Ｂ」「Ｔ」の区別がついていない場合も多い気がします。二〇一六年のリオオリンピックの際、レズビアンだとカミングアウトしたアスリートに関するＷｅｂ記事に「私はＬＧＢＴ」という見出しをつけた大手新聞があったと記憶しています。

森山 はい、その記事は覚えていますし、授業でも批判的に紹介しています。さすがに今では大手新聞がこのような表現を載せることはなくなりましたが、「ＬＧＢＴだとカミングアウト」みたいな表現は今でもよく見聞きしますね。

能町 「ＬＧＢＴだとカミングアウト」は、まったく意味がわからないですよね。森山さんも本で書かれていますけれど。「ＬＧＢＴ」は、レズビアン、ゲイ、バイセクシュアル、トランスジェンダーの頭文字で、それらをまとめて指す表現であり、Ｌ、Ｇ、Ｂはひとりの人間が兼ねることはできない（Ｔとは兼ねることがありえるが）って。

「あなたはＬＧＢＴですか？」っていうのもすごく変な質問です。「私はＬＧＢＴです」って返す人なんて、まずいないわけですし。

森山 「あなたはＬＧＢＴですか？」って聞くのは、他人に向かって「あなたは老若男女ですか？」って聞くのと同じなんですよね。

能町 そう、ほんとそれ。全部ですよね（笑）。

それに、「ＬＧＢＴ」っていう言葉でまとめると、分け方がＬＧＢＴの人／ＬＧＢＴじゃない人、つまり、普通の人／普通じゃない人になっちゃう。いわゆる普通の男と普通の女ばかりじゃないよっていう話だったはずなのに、今度はＬＧＢＴかＬＧＢＴじゃないか、その二者択一だよ、みたいな感じに、すぐになってしまう危険性があります。

この箱に入れて、わかったつもりになるな

能町 私は別に、セクシュアリティを常に公言しようとは思っていない。必要のないところではとくに言う必要性はないと思っています。状況によって言わなきゃいけないときも、なるべく簡単な単語では説明しないようにしているんです。（LGBTのTである）トランスジェンダーですとか、性同一性障害ですとか、一単語で言えないこともないんですけど……私は個別にいろいろな経緯を経たうえで今こんなふうになっているので、たとえば「昔は男として生活してました」みたいに、文章として説明するのが一番しっくりくるんですよ。何かの属性に自ら安易に入っていくことに対して抵抗があるので、そういう言い方をしちゃうんです。

だから、私が、「自分はクィアです」って言うようになるかどうかは、けっこう微妙です。クィアっていう言葉がどうかというよりも、ひとつの単語に収めたくないっていう気持ちがあります。

森山 たぶん、「クィア」を自称する人も、その単語に収めてほしいと思っているわけではないんですよね。

それはどの言葉でも一緒で、一人ひとりが「自分はかくかくしかじかな人間です」と細かく説明してもうまく伝わらないとき、「私たちはレズビアンです」って言うことに意

義が生まれる。けれど、もちろん、その人たちがみんな「自分たちは何から何まで同じ特徴を共有している」なんて思っているわけじゃない。ひとつの単語に自分を帰着させるかさせないかの選択肢は人によると思いますけど、「このカテゴリー、この箱に入れてわかったつもりになるなよ」っていうのは、特定の単語を使って自称する人も常に感じていると思います。

——編集の仕事で、原稿にLGBTという言葉が出てきたりするんですけど、正直、よくわかっていないまま、Qをつけておいたほうが今は正しいのかなとか、そのぐらいの意識でつけてしまうこともあります。本質的には何もわかっていないのに不安な気持ちにもなって……。

森山　もちろん、「でも不安なんです」っていうのは、わかります。私だって、「じゃあ今どの表現を使ったらいいのか」って不安になりますし。それはそうなんですけど、そこで「こっちのほうがまだマシ」っていう言葉を選んで、そこから先の説明をできるだけ繊細にやっていく、ということしかできないはずなんですよね。単語を使っても使わなくても、やらなきゃいけないことは一緒なので、用語選択が一番の課題だと思わないほうがよい。

「LGBT」だけじゃない、と示しておきたいならQや＋をつければいいと思います。

能町　用語の使われ方や意味って日々変化もしますからね。私自身も迷いながら使っているところがあります。

森山　それから、クィア・スタディーズの研究者として思うのは、クィアだって自称している人だけがクィアだというわけじゃないよねっていうことは、みんなに知っておいてほしいんです。

たとえばゲイといっても、その人の経験のなかに、ゲイのカテゴリーにうまく当てはまるような、わかりやすい指標以外の人生のかけらはいっぱいある。それはたぶん、そもそもセクシュアル・マイノリティじゃなくてもそうですよね。そういうことを指し示すために、一言、とりあえずキーワードとして「クィア」という言葉を自分に引き付けたり、ある事象に対してそう言いたい人がいるっていうことだと思うので。

……うまく言えているのかわからないですけど、「誰だってカテゴリーとぴったり重なったりはしないことを、わかりながらちゃんとやっていくんだ」みたいなのが、クィアという言葉に賭けられているものなんだろうなと思います。

人生の途中で、性のあり方も含めて変わる

能町 明け透けな聞き方になっちゃいますが、森山さんのクィア・スタディーズの授業を受けたり、ゼミに入ったりする学生さんは、セクシュアル・マイノリティの人も多くいらっしゃるんですか？

森山 毎回の授業の後、リアクションペーパーというものに意見や感想を書いてもらうんですけど、そこに「実は自分はセクシュアル・マイノリティです」って書いてくれる学生はいっ

ぱいいます。あと、「まだわからない」という学生もいますね。最近、どうも同性のことが好きな気もするんだけど、ちょっとよくわからない、とか。「それでいいんだよ、別に焦ってカテゴライズしてほしいわけじゃないから」みたいなことは伝えますけど。

能町 ああ、私も大学時代はまだ何とも言えない状態でしたね。まるで自覚がなかったわけじゃなくて、どうしたって一般的な男性とは違うな、おかしいな、とは思ってたんですけど、何か行動に移すわけでもなく……いや、行動はしていたのかな(笑)? ともかく、自分が何であるかはまったくカテゴライズできていなかったですね。遅い人はめちゃくちゃ遅いですからね。四十代、五十代で気づくというか、行動に移す人もいますし。

森山 それこそ結婚して妻と子供がいて、五十になって、「私、女だ!」って確信する人は珍しくないですよね。一方で、かなり幼い子供の頃からはっきりと自分の性的なアイデンティティが決まっている人もいて。どっちがいいとか悪いとかじゃない。

クィアって、いろんなニュアンスのある言葉なんですけど、そのなかの大事な要素のひとつに、「性のあり方は変化する」というものがあります。レズビアンの人はずっとレズビアンとか、ゲイの人はずっとゲイみたいな、その人の性のあり方はずっと変わらない、みたいな発想から遠ざかりたい場合にクィアという言葉を使う、っていうところがあるんです。

「ずっと変わらない特徴という鋳型(いがた)にうまくはまった部分が私」みたいな感じから逃れ

たい、「私は人生の途中で性のあり方も含めて変わる」って言いたい人にとっては……というか「人生ってそういうものじゃん?」と言いたい気分に、クィアって言葉はぴったりくる。

能町 その考え方は私自身にもしっくりきますね。

私は、そんなに早い段階で決めつけないほうがいい、と思ってるんです。小中学生で自分の性のあり方を自覚して、そうだ、この道で行こう!と決断しちゃうと、本人は一旦安心するかもしれないですけど、絶対に自分はこうだと決めつけることで考え方や視野が狭くなっていく怖さも感じてて。それはストレートの人でもそうなんでしょうけど。それこそ流動的な、いつどう変わるかわからない、でもどうあっても大丈夫、みたいな考えを持っておいたほうがいいんじゃないかな、と思うんですけど。

森山 ……「どうあっても大丈夫」って、もちろん言ってあげたいんですけど、どうあっても大丈夫って、ときどき逆向きに使われることがあって、それが怖いなと思っているんです。「途中で変わったりするし、どうあっても大丈夫」って言ったら、「じゃあゲイも治るんじゃない?」みたいなことを言う人もいて。

能町 うわー、そうか。

森山 「どうあっても」や「変わる」っていうことが逆に使われることはある。だから、はっきりと「自分はこういう人です、動かそうとするな」って言いたい気分が私にはあるし、そっちはそっちで大事なことだと思うんですよ。で、この両方を舵とりしなきゃいけない。そういう側面をもっといろんな人がわかってくれるといいなと思っていて。

「私はゲイです」って僕が言うときには、何かそれで守らなければいけないものがあって、でも三十年後に男と付き合ってるかわかんないっていうのは、その通り。その両方を持ってるというか、その両方を使いこなしながら、なんとかやっていくっていうのがある。それをわかってくれない人からは、どっちを言っても都合よく捉えられて「だって変わるって言ってたじゃん」とか、「変わるんだよって言っても、お前はずっと男とばっかヤッてんだろ」とか、そういう話になっちゃって。なんか……その両方が大事なのに。

能町　「男の人は女の人が好きなのが正常」みたいな、ものすごく太い「正常」のラインを心のなかに持っている人は、他人に対しても「いつでも正常なラインに戻れるもの」と思っちゃうんでしょうね。それがものすごく太いラインに見えるのは、ただ人口が多いってだけの話なのに。その極太のラインにいつでもみんな戻れるかもよ、じゃなくて、すごく人口の多いラインもあるけど、他にも細いラインがたくさんあって、そこにいつでも任意で乗り替えることがありますよ、っていう話ですよね。

――流動的ということについて、もう少し教えてほしいのですが、いわゆる「普通」だと、アイデンティティは一定だと、みんな思いがちですよね。私はクィアの本を読んで、自分自身の性についての認識って、固定観念のなかで生まれ育ったから持ったものなんじゃないかと不安

になってしまいました。たとえば少女漫画で、女の人は必ず男の人を好きになるのが恋だと思って、そういうコード的なものを読み続けてきたせいで、自分も男の人を好きになるものなんだって固まってきたんじゃないか。固定したアイデンティティがあると楽といいますか、他の選択肢がないほうが楽だし、他人を見るときにも、変わらないものとして相手のことを認識したい人はいっぱいいるんじゃないかなって思います。

森山 流動的って言いましたが、違う言い方をすると、「アイデンティティってプロセスだ」という言い方をしたりもします。少女漫画を読むとか、テレビを見ると男女がキスしているとか、そういう一つひとつの経験と自分のあり方を、そのたびごとになんとなく照らし合わせながらやっていく。そのプロセスの全体がアイデンティティを形成しているので、アイデンティティはあくまで現時点での結果なんですよね。

そこで重要になってくるのはアイデンティティじゃなくてアイデンティフィケーション、アイデンティティがつくられたり、アイデンティティが押し付けられたりする、その過程です。

能町 その人のアイデンティティは生まれたときに決まっているということではなくて、常に変化し得るものだということですね。アイデンティティが決定的に固まることはないのかもしれない。

学生に「セクシュアル・マイノリティをインタビューしたい」と言われたら

能町 森山さんのゼミや授業で、フィールドワーク的なことってあるんですか？

森山 授業では講義もありますし、演習で何か作業をしてもらったりもします。たとえば「LGBTブームの具体例を探してこよう」みたいに。ゼミの場合だと、それぞれの学生さんが自分の興味のあるテーマを論文にしていくのを手伝います。でも、僕がみんなを引率して新宿二丁目に行く、とかはやってないです（笑）。

能町 そうですよね（笑）。それも変だから、授業って難しいなと思って。クィア・スタディーズやLGBTについて研究するとしても、材料として「この人がレズビアンです」って持ってくるわけにはいかないじゃないですか。だから、実体験を積むっていうのも変だし。そういう授業だからいろんな人がいるでしょうけど、仮にいなかったときにどうするべきなんだろうって、ちょっと思っちゃったんですよ。

森山 ああ、学生のなかにセクシュアル・マイノリティがいなかったら。

能町 仮に、自分がマジョリティだと信じる人しかいなかった場合――典型的な話でたとえるなら、日本の地方の男性議員ばかりの議会みたいなところとか。そういったところって、どういうふうにしたら少しでもこういう話につながっていくのかな、何がフックになっていくのかなって思ったんです。

森山 たしかに、議員へのロビイングとかは、本当にしんどそうですね……。大学で大学生に接していることの楽さってある。あの人たちは柔軟ですし、そもそも本当に差別的な人は、私の授業を履修しない。

ただ、「実物のセクシュアル・マイノリティを連れてくればよい」っていうのは危ういんですよね。イメージを固定してしまうリスクもあるので、僕の授業に関しては「私はゲイだけど、私を見てゲイについてわかった気になんかならないでよ。こんなにペラペラ九十分しゃべっている人が典型的なゲイのわけがないじゃん」とか言えば、学生も、「そうだよね、お前みたいなのばっかりなわけない」って思ってくれる。

学生のなかには、ゲイやレズビアンにインタビューしたい、と言う人もいます。「後押しはしたいが、相手があなたを警戒するのは当然とわかったうえで、相手の安全と安心の最大限の確保ができない限りは私は引き止める側にまわります」とは言いますね。

能町 うん、たしかにそれは危なっかしいですね……。何かの実例とかサンプルとか、そういう立場で物を聞かれるのはあまりいい気分じゃないですし。

森山 そうなんです。私もインタビューがそれほど得意ではないのでよくやってしまった失敗なのですが、相手がちょうどいい答えをきっと持っているはずだと思ってする質問って、大抵の場合相手にとっては的外れで、答えようのないものなんですよね。まさに「都合の良いサンプル」扱いしているわけで、そのことに気づかれると相手との最低限の信頼も損なわれてしまう。雑談をしたり、相手の負担にならない範囲でこちらの身の上を話したり、そういうプロセスのなかで私の側が何を聞き取るべきかを誠実に探っていくしかないんだと思います。うまくいくインタビューって、「答え」を手に入れた、というより、「聞くべきだと気づけていなかったことを聞けた」という感覚のものだと思います。

ＬＧＢＴをふたつに分けるとき、どこで分かれる？

能町 そういえば「ＬＧＢＴ」っていう言葉も、私は一応当事者だからいつの間にか知っていたんですが、いつどのきっかけで知ったのかは思い出せないですね。ＬＧＢＴという言葉が登場し始めたのはいつなんですか？

森山 言葉自体は一九八〇年代後半にはあったと言われています。日本だと二〇〇〇年代くらいに散発的にマスメディア上でも使われるようになってきて、二〇一二年にいくつかの経済誌がＬＧＢＴ特集を組んでいましたね。

能町 やっぱり最近ですよね。流行語大賞に入ったんでしたっけ。

——三省堂の「今年の新語」では、二〇一五年に三位に入っていました。

森山 二〇一五年に、渋谷区と世田谷区に同性パートナーシップ制度ができて、このあたりから爆発的に使われるようになった印象があります。

私がＬＧＢＴについて話すとき、よく学生に言うのは、「ふたつに分けてほしいんだけど、どこで分かれますか？」って聞きます。

能町 ああー、はいはい。

森山 たとえば真ん中、LG／BTで分けたら、違うよって。L、G、Bっていうのはその人の性的指向、どの性別の人に対して、恋愛感情や性的な欲望を抱くかということに関係することで、Tっていうのはその人の性自認、自身の性別を何と認識しているかに関係することなんだよっていうことを、まずは話します。

で、L、G、Bのほうの同性愛者は、女性のレズビアン（L）と男性のゲイ（G）。両性愛者の人はバイセクシュアル（B）。ここまではみんな、すぐわかるんですよ。

T、トランスのほうが、やっぱり説明が若干込み入るので、ちゃんと説明します。

――Tのトランスジェンダーはわかっていない人が多いように感じます。「性同一性障害」という言葉は使わなくなったんですよね。

能町 今はどういう言葉が「新しい」んですかね？　私自身もよくわかってません。「性別違和」ですか？

森山 そうです。でもさらに性別違和ではなく性別不合（gender incongruence の仮訳）を使うことになっていくだろうとか、かなりアップデートが早い分野なんです。

二〇二三年現在の標準的定義だと、トランスジェンダーは「出生時に割り当てられた性別と違う性自認を持っている人」、と説明します。学生には「もっと短い言い方ないんですか？」って言われるんですけど、うーん、ないなって言うしかない。

外性器を自分の性自認に揃えたいとか、そこまでは求めない、みたいなことを分けたり、身体的な改変を求めない人が狭い意味でのトランスジェンダーで、改変を求める人・行った人をトランスセクシュアルって言ったりすることもあるんですけど、そもそも「体を変える」か否かって、そんなにパキッと区別できないじゃないですか。

能町 うん、変えたいけど変えられないパターンもあるし、細かく考えれば差がよくわからないです。

森山 くわえて、トランスセクシュアルという言葉が持つ、「他者の身体の状態を指し示して名指してしまう」あり方や発想が古かったり、侮蔑的な意味を持ってしまうこともあったりするので、現在では出生時に割り当てられた性別と性自認が異なる人のあいだの差異を必要以上に区別せず、みんなを包含してトランスジェンダーと呼ぶようにはなっています。

こういった話のあとに「でもLGBTのどれでもないっていう人も思いつくよね」と水を向けたうえで、「Xジェンダー」（男性でも女性でもない性別と自認している人）や、「アセクシュアル・アロマンティック」（恋愛感情や性的な欲望を他人に対して抱かないという人）を説明します。このことはのちほど（2章）詳しくお話ししますね。

「LGBT」は、いつの間にひとまとまりに？

能町 「LGBT」って、LとGはなんとなくセットでわかるんですけど、そこにBとTを入れて、とりあえずそこで言葉としては一旦締めたという感じがありますよね。この言葉も、考えてみると恣意的な感じがする。誰が決めて、いつの間に「LGBT」というひとまとまりになったのか、そういえば知らないなぁと思いました。

森山 たしかにそうですよね。たぶん、今の私たちの感覚からすると、「LGBTだけじゃない」っていうことを手を替え品を替え指摘していくことが大事、となるんですが、もともとは、そもそもLとGの話しかしない社会運動が包摂的になるように目指して、BやTがつけ加わっていったんです。もっと単純にいうと、同性愛者が両性愛者やトランスジェンダーのことを誤解していたり差別していたりして、これでは駄目じゃん、一緒にやっていかなきゃ、という理由で「LGBT」を使っている側面がある。裏を返せば、L、G、B、Tは性のあり方も悩みのあり方も全然同じじゃないんですよ。

LGBTという言葉についてよく知らない人は、セクシュアル・マイノリティはみんな一緒くたにできるからこういう言葉があると思っているかもしれませんが、もともとは「同じじゃないけど、どうやって一緒にやっていく？」っていうことを考えてスローガンにしていた言葉だった。この一番はじめのボタンの掛け違いを直してもらうことが大事かもしれない。

能町　なるほど。最初から「ＬＧＢＴ」として知っていたので、そのへんの経緯はあまり考えたことがなかったです。素朴な疑問ですけど、ＬＧＢＴの順番って、いつ決まったんでしょう。Ｌが頭でＬＧＢＴって。

森山　あ、でも最初は、「ＧＬＢＴ」って並びだったんですよね。

能町　そうなんですか！

森山　「ＧＬ〜」が「ＬＧ〜」になったのは、男性中心主義からの脱却を目指して、だったはずです。

能町　意識的にそう変えたんですね。

森山　はい。もともと同性愛者の社会運動のなかでも、男性同性愛者ばかりが可視化されるっていう問題はあった。それをなんとかしようと、ＧＬＢＴじゃなくてＬＧＢＴになっていった。つまり、Ｔが含まれたことも、Ｌが前に来たことも、誰かを置いていっちゃ駄目だよねっていう発想が理由にあるわけです。……とはいえ、「ＢとかＴとかが結局後にくっつくね」ということではあるのですが。

ＬＧＢＴ以前

能町　ちょっと遡って、ＬＧＢＴという言葉ができる前って、どういう状況だったんでしょう。

森山　もともとはLGBTって本当に一緒くたに理解されていた時期があったんです。

十九世紀後半のヨーロッパの精神医学者が同性愛やトランスジェンダーに関する言葉をつくった際、これらの人々、つまり今でいうLGBTQ＋の人々は「普通の男でも普通の女でもない人」として一緒くたにされ、みんなが「心の中に男と女の部分を両方持っている」と認識されていました。

この時期は当然、同性愛とトランスジェンダーは違うと思われていない。だから、たとえば「トランスヴェスタイト」という言葉がつくられました。服装がその人の割り当てられた性別と違う人のことですね。トランスジェンダーっていう性のあり方がうまく認識できなかったので、トランスヴェスタイト、つまり、「女装したい男性」「男装したい女性」と認識された。同時にホモセクシュアルという言葉も生まれたんですが、このふたつがちゃんと区別されていたわけではない、という点についてはおおむね多くの研究者の見解は一致しています。

一九五〇年代、六〇年代ぐらいになると、「トランスセクシュアル」という言葉がアメリカを中心に広く使われるようになっていきます。たとえば、「自分は同性愛者とは違う。男性として育てられてきたけれど、外科的な手術を受けて体のかたちを変えて女性として生きたい。たしかに男性が好きなんだけど、これは同性愛とは違う。なぜなら私は女だから」というかたちで、同性愛者とトランスセクシュアルが互いの差異を明確化するようになっていく。

そうすると、男で男を好きになる人と、出生時には男だと割り当てられたけれど自分は女性だという人はまったく異なるのだという、現在につながるような理解の枠組みになっていく。その先に、性別適合手術やホルモン療法の経験の有無によって区別されない、包括的なトランスジェンダーという概念がだんだんできてくるんです。

能町 同性愛とトランスセクシュアルの差異が明確化されていったのは、私が思っていたよりもだいぶ前ですね。もう少し最近なのかと思ってました。

森山 私たちが二〇二三年現在よく使う「LGBT」という分け方は、このような整理と分化の終着点、というよりも途中地点なんです。

HIV／AIDSが連帯の契機に

森山 たとえば同性愛者は、「自分たちは男で男が好きだけど、あるいは女で女が好きだけど、あんなふうに手術したいとか、自分の生まれた性別と違う性別で生きたいっていう気持ち悪い人たちとは違う」と言う一方、トランスの人たちは、「私たちは間違った体に生まれてしまったからこうなっているけれど、自分にとって正しい性別で生きれば、自分はちゃんと異性を好きになっているのであって、あんな同性同士で付き合ったりするような気持ち悪い人たちと違う」と互いをディスり合う、ということも残念ながらありました。

能町　そのいがみ合ってた時期は、いつ頃なんですか。

森山　一九六〇年代にトランスの人や同性愛者の人が書いた文章のなかに、互いに対する否定的な評価が見られるので、たぶんそのあたりだと思います。ただ、コミュニティが完全に分離していたかというと、それもまた違う。実際にはもっとゆるやかに、人々のあいだはつながっていたといわれています。

能町　日本の戦後のセクシュアル・マイノリティにかかわる動きを私も浅くしか知らないんですけど、日本ではどちらかというと、たとえば男性が男性を好きだった場合、後付けで「そういう人は女装して女になっていくものだ」みたいな偏見が強かった気がするんです。当事者自体もそこをあまり区別していなかったというか。

　男性のまま男性を好きな人もいるにはいるけど、基本的には「男が好きなんだから、女になっていかなきゃいけない」みたいな。体を変えるまでいかなくても、ふだんは女装しているとか。そのへんも、ものすごく曖昧だったイメージです。日本には、同性愛者とトランスジェンダーが肌感覚で敵対してた時代があまりなさそうな気がします。

森山　おっしゃるとおりです。男性の場合だと、一九五〇年代とか六〇年代のゲイバーって、今のゲイバーとは違うもので、フェミニンだったり、ちょっと中性的だったりする人が男性に接客していました。

能町　ゲイボーイって呼ばれていた時代ですよね。

森山　そうです。ゲイボーイって当時の美輪明宏的な人のことを指していました。丸山明宏という名前で、中性的なファッションで「メケ・メケ」を歌って、「シスターボーイ」ともてはやされたんですよね。日本にゲイという言葉が入ってきた当初は、同性愛とトランスが分かれないままその全体にこの言葉が適用された。しかも当事者だけじゃなくて、日本社会全体がそこをなんとなく分けないで認識していたと思います。

能町　LGBTがいがみ合っていたけど、みんなで一緒に連帯しなきゃいけないっていう契機になったのは、HIV／AIDSですか？

森山　そうですね。HIV／AIDSは、一九八〇年代から全世界を襲っていくのですが[*1]、ここではアメリカの話をさせてください。

アメリカでは、遅く見積もっても一九五〇年代から同性愛者の社会運動はずっと存在しました[*2]。ただ、HIVというウイルスは、もちろんゲイのアイデンティティを持っている人だけに感染していくわけじゃない。いろんな人に感染してしまうわけですよね。トランスの人を含むセックスワーカーとか。エイズは当初は「ゲイの癌（がん）」だと言われてゲイはほったらかしにされた、というよりも新薬開発などにお金をかけないことにより積極的に見殺しにされたのですが、しかし死んでいったのはゲイだけじゃない。

ひとつの性のあり方の人たちが集まって、そのアイデンティティをもとに社会運動しても不十分なんですよね。アイデンティティで区切られた集団を越えてHIVが伝染しないわけはないんですから。特定の性のあり方で区切られた社会運動のあり方を乗り越えざるを得ない状況になったんです。そうやって、たとえば同性愛者とトランスの人たちが少しずつ共に社会運動を行っていくようになるわけです。アメリカの場合、だいたい一九九〇年代後半までには、もともとは同性愛者に関するものだった多くの社会運動団体がトランスジェンダーを包摂することによって名称や団体の方針を変えていったと言われています。

能町　日本の社会運動の起こり方は、どうだったんでしょう。

森山　アメリカの場合だと、それ以前にそれぞれのセクシュアル・マイノリティのコミュニティや政治的な運動があったので、ＨＩＶ／ＡＩＤＳを機にその垣根が崩されていきます。日本ではＨＩＶ／ＡＩＤＳの問題が起こって、「ゲイはちゃんと集まって運動しないと駄目だ」となった、と新ヶ江章友（しんがえあきとも）さんという研究者の方が明らかにしています。[＊3] ここはア

＊1　世界初のエイズの症例は一九八一年にアメリカ疾病予防管理センターに報告されている。以降、一九八〇年代半ばにかけて同様の症例が多数発見され、原因不明で治療方法がなく致死性が高いことから、人々に広く認識され恐れられた。また、発見当初はゲイに発症者が多かったことから、「ゲイの病」とされ、治療方法の発見や治療薬の開発は後手に回り、ハイリスクグループ（同性愛者、薬物中毒者、血友病患者、ハイチ人）とみなされた集団は差別され迫害を受けた。

＊2　第二次世界大戦でのナチスによる同性愛者への虐殺や、冷戦下の「ラベンダー狩り」（公職から同性愛者を大量に追放）等の迫害を受け、一九五〇年代には西側諸国でホモファイル運動が起こった。性を連想させる「ホモセクシュアル」よりも愛に重きを置いた「ホモファイル」という言葉を用いたこの社会運動は、病理とみなされていた同性愛への差別的な制度の撤廃を目指し、医者や学者を後ろ盾に異性愛社会に同化することで同性愛者への寛容を求めた。

メリカとは対比的に理解すべきかもしれません。[*4]

能町　その後に、府中青年の家事件が起こるんですね。府中青年の家事件を軽く説明すると、東京都が運営する宿泊施設「府中青年の家」を利用した同性愛者の団体「動くゲイとレズビアンの会」[*5]が、同時に利用していた他団体から差別的な扱いを受けたために施設側に抗議したんですが、受け入れられず、再利用を拒絶されたという事件です。差別的扱いだとして裁判になったんですよね。

森山　府中青年の家裁判は一九九一年に起こされ、一九九七年に結審されていますね。原告側が全面勝訴して、潮目が大きく変わった印象があります。やはり、マイノリティに対して「無関心であったり知識がないということは公権力の行使に当たる者として許されない」と判決文に書かれた意義は、何度強調しても強調し過ぎることはないと思います。動くゲイとレズビアンの会は、日本精神神経学会へ申し入れをして同性愛は精神疾患や障害ではないという公式見解を一九九五年に学会側から引き出したりと、その後につながる重要な成果をいくつも残していらっしゃいます。

日本におけるトランスジェンダー

能町　日本は妙にTの運動が活発だった時期がありますよね。LとGの人たちは今の裁判の話のように、綿々と、啓蒙運動と言いますか、社会的な運動をしていたと思うんです。でも、二〇〇〇年頃に「T」がそれをものすごい勢いで追い抜いていった印象があります。もしかしたら日本特有の現象かもしれないですけど。

森山 本当にその通りで、私も、「あ、追い抜いていったな」って眺めていました（笑）。自分が大学生の頃が、その追い抜かれた時期だと思うんですけど。

能町 『3年B組金八先生』で上戸彩が性同一性障害の生徒役をやっていたのが二〇〇一年ですかね（第六シリーズ。TBSドラマ、二〇〇一〜二〇〇二年放送）。

森山 さきほども少し述べましたが、一九九七年に日本精神神経学会が「性同一性障害に関する答申と提言」を出して、正規医療のなかでSRS（Sex Reassignment Surgery：性別適合手術）が可能になり、二〇〇四年に性同一性障害特例法が施行されて、戸籍上の性別を変えられるようになり、あっという間に同性愛者の社会運動を「追い越して」いった。「次は同性婚だ」と予想していたんですが、すぐにそうはならなかった。ここ数年は選択的

＊3　新ヶ江章友『日本の「ゲイ」とエイズ——コミュニティ・国家・アイデンティティ』青弓社、二〇一三年。

＊4　一九八七年、アメリカではHIV／AIDSに対する政府の無策に対して、性的マイノリティとエイズ患者がACT UP（AIDS Coalition to Unleash Power）を立ち上げた。その抗議運動は「エイズ・アクティビズム」と呼ばれる。同時期、日本で起きたエイズ・パニックでは、ゲイは不在とされ、感染者がセックスワーカーや主婦であったことから、メディアでは積極的に女性と表象的に結びつけられた。そのため、HIV／AIDSをむしろゲイ可視化のために戦略的に用いるIGA日本やアカーなどといった社会運動団体も現れ、日本におけるゲイ・アイデンティティ、ゲイコミュニティの強化につながった。

＊5　通称OCCUR（アカー）。一九八六年に設立された、同性愛者の社会的支援、差別解消運動を行う団体。当時エイズに対して何の対策も行われていなかった日本で問題に取り組むため、五人の若者によって立ち上げられた。

夫婦別姓と足並みを揃えるかたちで同性カップルの結婚もメジャーな政治イシューになっているようには思うのですが、その前はずっと性同一性障害がクローズアップされていた印象があります。

能町 私が「性同一性障害で行こう」と思った時期がその頃なんです。「行こう」っていうのも変な言い方ですけど、自分のあり方に名前がつかないから、とりあえずそういうことにして手術をしよう、って決断したんですよね。女の子と付き合おうとしてもダメだった、ましてセックスなど考えられない、かといって男が好きなのかどうかもよくわからない、ただ、少なくとも「男」として生きていくのは無理そうだ……というときに、ちょうど「性同一性障害」という概念が目の前にぶら下がってきた感じ。はっきり言って、世間的に性同一性障害という言葉や定義付けに追い風が吹いていたから、こんなに早く自分のあり方を決められたんだと思っています。

ただ、性同一性障害っていう言葉があまりにもフィーチャーされて、一時期はおかしなことになっていたと思います。ゲイだと自称している人まで「ああ、性同一性障害ね」って言われちゃう、みたいな。トランスジェンダーという言葉も概念もとくに広がらず、漢語の「性同一性障害」ばかりが広まりましたし。今はそこから多少は理解が進んでいると思うんですけど。

森山 そう信じたいですけどね。「性同一性障害」という言葉に、病気や障害といった含意を持たせず、自身のアイデンティティを指すものとして肯定的に使用する人もたしかにいます。ただ、病気や障害の含みが喚起される言葉であるのは間違いないので、それを避けるために意図して「トランスジェンダー」という言葉を使っている人がいるのも間違いありません。自らどう名乗るか、そこで医学の言葉をどのように用いたり用いなかったりするのか、そういった繊細な点を踏まえず、「トランスジェンダーはみんな性同一性障害で、したがって性別適合手術を受けるものだ」と短絡的に理解されてしまう弊害は、今も強く残っている気がします。

能町　性同一性障害特例法が、戸籍上の性別変更には生殖腺（精巣や卵巣など）の除去と外性器の近似をする手術を義務にしちゃったのは影響が大きかったですよね。

森山　そうですね。戸籍上の性別を変えたいがために、本当は手術を望んでいないと思っている人も手術というリスクのある選択をせざるを得ない、というのは大問題だと思います。

もうひとつ怖いのは、性同一性障害かを診断する医者が男らしさ、女らしさのゲートキーパーになってしまうことがありうる点ですね。「スカートを穿きたくないというなら本当はこの人は女性になりたい患者ではないのではないか」みたいな。現在では、そんな圧力は、診断や治療の現場からはなくなっているというふうには聞いていますけれど。

能町　うろ覚えですけど、私もメンタルクリニックでそういうことを聞かれたような記憶があります。むりやり話を合わせに行ったつもりはないですが、診断されたいから多少「女っぽい考え方」に寄せたこともあったかもしれません。

森山 トランスの人々がトランスとして生きるために、医療が謂(いわ)れのないレッテル貼りや規範の押し付けをしていないか、という点が重要なのかなと思います。そもそも、誰かのジェンダーアイデンティティを「診断する」プロセス自体がおかしいのではないか、と高井ゆと里(り)さんという哲学者の方が指摘していますね。*6

さきほど少し話しましたが、自認する性別が男女どちらでもない、どちらとも言い切れない、あるいはいずれにも分類されたくない人を、Xジェンダーとか、英語圏ではノンバイナリーと呼びますよね。NHKで二〇一七年に、「〝男でも女でもない私〟語り始めた「Xジェンダー」」というドキュメンタリーを放送していました。Xジェンダーやノンバイナリーって、「男から女」「女から男」への移行という前提があったかつての性同一性障害の概念では捉えられなくて、そこに光が当てられるようになったのも、選択肢が増えてきたことの証左だと思います。

能町 トランスジェンダーに関しては意外な方向性から寛容になってきた感じもあります。男(おとこ)の娘(こ)（女の子のような外見をした少年。二〇一〇年代頃から「化粧や女装をする美少年」を指すジャンルとして一般的に定着）ブームがあったりして、私が若い頃にくらべると、男の人が女装することに関するハードル自体は恐ろしく下がってるんですよね。堂々と女装ができるから、クオリティも上がる。その人たちが全員トランスジェンダーというわけじゃないと思いますが、表面的には、男が女のかっこうをする＝滑稽、気持ち悪い、みたいな偏見は昔にくらべて解消される方向にいってるな、とは思います。

日本の差別のかたち

能町　とはいえ、日本と世界での捉えられ方の差としてよく言われるものに、日本を擁護するようなかたちで「昔から日本は性のあり方に寛容だった」という言い方がありますよね。キリスト教徒の多い欧米は迫害が強い、ってことと対比されるかたちで。でも、そんな単純な話じゃないだろうと私は思ってて。

たしかに日本では、性的マイノリティであるというだけで殺される、みたいなことはめったにないですけど、嘲笑されたり、忌避されたり……存在を完全に否定はしないけれど被差別者の役割に置くという、ねちねちした圧力がかかりますよね。

森山　そうですね。一般にキリスト教圏だと、宗教上の罪であると捉えられていて、とくにヨーロッパでは、法律上も男性同士の性交が禁止されていた時期がありました。実は日本にも少しのあいだだけ似たような法律があったんですよ。

能町　聞いたことありますね。明治時代ぐらいでしたっけ。

＊6　ショーン・フェイ著、高井ゆと里訳『トランスジェンダー問題――議論は正義のために』訳者解題、明石書店、二〇二二年。

森山　一八七三年（明治六年）に、肛門性交が鶏姦罪として犯罪化され、違反すると懲役刑を科されるようになりました。ですが、この犯罪は一八八二年に旧刑法が制定されたときにはなくなってしまいました。また、実際に懲役刑を科された人は、ほとんどいなかったと言われています。

ただし、「ではみんなハッピーに暮らしていたか」というと、とてもじゃないけどそんなことは言えない。さきほど「寛容」という言葉をお使いになられましたが、「寛容」って、被差別者の位置に閉じ込めることでもありますよね。差別論の分野では「寛容」は差別の一形態と言ったりもします。なんて言うのかな……哀れみを受けることによって、ぎりぎり死なない、ぎりぎり殺されないみたいな、そういう感じの立ち位置を取らされるというか。実際にはその扱いを苦にして自殺した人もたくさんいたし今もいるので、「生かさず殺さず」という言い方がいいのかわからないですけど。

能町　そうですよね。被差別者の枠にわざわざ自ら収まっていく当事者もたくさんいる。それで万事うまく回るなら、自分が犠牲になることをもって和となす、みたいな。

森山　「寛容」を従順に受け取る立場に、マイノリティが自分からすぽっと入ってしまうことには抵抗を感じます。マイノリティがちょっとでも戦闘態勢みたいなものを緩めると、「自分はちゃんとした人間」だって思われたいマジョリティって、そういうマイノリティのところに寄っていきますよね。

能町　はい（笑）。今ならイケる、みたいな感じで。

森山　「ほら、僕、マイノリティの友人もいるし、ちゃんと話通じてるし」とか言っても、実際にはそのマイノリティの人たちは、本当は戦わなきゃいけないところで矛（ほこ）を収めているように私には思える。そういうマイノリティを見ていると……しんどいです。

能町　しんどいですね。とくにテレビ業界や芸能界はほんの少し前までそれが強かった。まあ、今も全然そうかも。

LGBTで広く活躍する芸能人というとおそらくトランス女性が多いと思いますが、オカマと呼ばれ、それがニューハーフになり、今はオネエと呼ばれる、あの系譜にいる人たちはやっぱり基本的に道化を演じてきたんですよね。道化として受け入れてください、っていう立場で生き抜いてきた。

彼女たちが本当に苦労して、そういうかたちで受け入れられてきた歴史をおとしめるつもりはないんですけど、ただ、ずっとそういうままではいられないんじゃないかと思うんです。私が世に出るにあたっては、そこをものすごく強く意識してきました。

ここ十年くらいのテレビを見ていると、いわゆる道化ではないトランス女性らしき人も出てきてはいると思うんです。でも、トランスであることを明言すると、テレビのなかでの扱われ方がいかにも難しそうで、それもつらいところです。まず最初に「もともと男なのにこんなにきれいな人です」みたいなかたちで出てきてしまうので、「実は男の声でしゃべれます」みたいな昔ながらのおどけ芸がないと、テレビ的には「元男だった」以外の価値がなくなってしまう。日本のテレビではそういう人たちを扱う文法が完成し過ぎていて、その文脈に乗らない人は活躍しづらい。私が当事者だからっていうこともあるんですけど、見ていて気まずいんですよね。

森山 はるな愛さんが「大西賢示」としてからかわれるだろうなと予想できて、実際その通りになることのしんどさみたいなものですよね。はるなさん自身は他人の人生や悩みに対していつもものすごく真摯に向き合っていらして、そういう素敵なところを見たいのに、いつも違うところにばかり光が当たって。ご本人は「自分はこういう芸風」とおっしゃっていたようにも思うので、そのやりとりそのものを否定はしたくないのですが、あまりも文法の縛りがきつすぎる。

能町 ただ、ごく最近になると、文法から外れる人も増えてきているのが希望かもしれません。たとえば、ryuchell[*7]とかMatt[*8]とか、セクシュアリティに名前がつかないままテレビ界で存在をきちんと受け入れられている人。あるいは、女王蜂のアヴちゃん[*9]とかゆっきゅん[*10]とか、セクシュアリティにいちいち言及するのが野暮なほどミュージシャンやパフォーマーとして輝いている人たちも心強いです。彼ら彼女らがトランスかどうかは別として、テレビでよく見る「元は男ですが、こんなにきれいです！　でも、こんな男らしいところもあります」という手垢のついた文法がどんどん薄れてくれたらうれしいですね。

自分も意識が変わってきている

能町 私が子供だった三十年前くらいだと、日本の世間全体にLGBTを嘲笑するような雰囲気があったと思うんですけど、社会がそれを捉え直したというか、風潮が変わったきっかけってあるんですかね。

森山 今から三十年前っていうと、一九九〇年ですので、その頃はひどかったと思います。府中青年の家裁判も、「ホモ団体」が訴えるみたいなニュアンスでたくさん報道されていましたし。一九九〇年代って、雑誌の『CREA』に特集「ゲイ・ルネッサンス91」（文藝春秋、一九九一年二月）が載って、いわゆるゲイブームが起こったくらいでもあるので、たしかに好意的な意見がなかったわけではないんですけどね。

能町 ゲイがおしゃれ、みたいな？

＊7　80年代ファッション・メイクとユーモア溢れるキャラクターでバラエティを筆頭に活躍し、原宿系ファッションのカリスマ的存在になる。自身も作詞するなど精力的に音楽活動も行う。現在、人生のパートナーpecoと一児を育てている。
＊8　ブライダルモデルを経て、現在は「Matt Rose」名義でアーティスト活動を行う。美容家として知られ、人形のように画像を加工する「Matt化」はSNSで大流行。幼い頃からピアノとバイオリンを学び、紅白歌合戦では天童よしみの伴奏を務めた。
＊9　四人組バンド「女王蜂」のボーカル・ギターを務め、作詞作曲を担当。年齢、国籍、性別、本名非公表。アニメ映画『犬王』では森山未來とW主演し、ブロードウェイミュージカル出演やオーディション番組のプロデューサーを務めるなど、マルチに活躍。
＊10　ポップユニット「電影と少年CQ」のメンバー。DIVAを敬愛し、セルフプロデュースで音楽活動「DIVA Project」を行う。他にも『キネマ旬報』『ユリイカ』での執筆、芝居の書き下ろしなど活動の幅を広げている。

森山　おしゃれというイメージって「見せ物感」と表裏一体ですよね。そこからさらに変わってきたのは二〇〇〇年代後半以降じゃないですかね、やっぱり。

能町　何か決定的なきっかけがあったというわけではないんですかね。

森山　日本の場合は性同一性障害の認知が上がったことで、連動して「見せ物」感が薄まったところもあるのかもしれない。性同一性障害の人だけじゃなく、同性愛者もからかっちゃいけない対象みたいに扱われてきたというか。

能町　考えてみると、私自身の考え方も変わってきていると思います。

私は二〇〇一年ぐらいに初めて、人に連れられてゲイバーに行ったんです。その頃はまだ、自分自身のアイデンティティも確立していない頃で。たまたまゲイだって公言している知り合いが初めてできて、その人と何人かで、一回行ってみよう、って。素直に思い返すと、その頃は偏見が強くて、物見遊山（ものみゆさん）のような気持ちでした。禁断の場所、秘められた場所に乗り込むみたいな。うっかりすると、ついこういう過去の自分の偏見を歴史修正してしまいそうになって、良くないですね。

ついでにいえば、そのときゲイバーに一緒に行った友達は私以上に偏見があって、それも記憶に残ってます。露骨に差別したりからかったりしたわけじゃないんですが、その日知り合ったゲイの友達に「やっぱりゲイの人ってみんなどこか女っぽいね」みたいなことを言っていて、当時の私でも、えっ、そんな典型的な偏見を持ってるの？ってショックを感じました。
自分のなかでいつ意識が変わってきたのかというと、やっぱり自分が当事者だとはっきり自覚してからかもしれない。

森山 僕も、今でこそクィア・スタディーズの授業とかしていますけど、大学院のときまではずっとゲイの研究をしていて、トランスのことってほとんど何も知らなかったし、まわりにもほとんどトランスの友人はいなかったんです。ここ十年ぐらい勉強するうちに、ようやく気がついたらトランスの友人や知人ともつながるようになっていた、って感じです。

能町 知り合いがいりゃいいってもんでもないけど、まったくいないというのはそれはそれで難しいですよね。見たことがないものを知るというのはハードルが高いし。

森山 僕もトランスへの偏見とか、たくさん持っていたと思うし、今も持っているんだろうなと思います。少しずつでも手放していきたいですね。

私はトランスジェンダーが一番わからない

――能町さんは、ＬＧＢＴでいえばＴだとおっしゃっていましたけど、能町さんご自身がまわりから受ける、よくある誤解や引っかかる言動ってどういうものがありますか?

能町 顔や体について、あるいは何かの言動に対して「そういうところが男だね」って揚げ足を取られるのは本当に最悪ですが、そこまで言う人はまずいないので、一見その逆にあたるような言葉のほうが気になりますね。

ベーシックなものとしては、「女より女らしい」っていう褒め方。昔から本当に大っ嫌いです。十年以上前はときどき言われました。「女より女らしい」っていう言葉は、暗に、女ではない、いわゆる「普通の女」には含まれない、と言っている。潜在的に差別・排除しているんです。まあ、言葉遊びのつもりかもしれませんけど、そう言っておけば褒めたことになると思っている、そのスタンスにも腹が立ちます。

性格やふるまいについて「そういうところが女だね」ってわざわざ言われるのも気持ち悪い。だから、トランスなのに丸坊主にしてみたり、いわゆる女らしい言葉遣いはあまりしなかったり、抵抗心でやっていた部分もあります。

あ、それで思い出したんですけど……まだ二十代半ばの頃、トランスジェンダー女性の集まりみたいなものにちょっと出てみた時期があったんですけど、そこにも全然馴染めなかった。男性から女性になろうとしている、あるいは女性になった人たちが来るオフ会みたいなものだったんです。そこがやっぱりこう……、時代もあったんでしょうけど、それこそ「女より女らしい」的な方向を目指す人が多かったんですね。つまり、常にバッチリ化粧をして、しっかりスカートとヒールをはいて、女言葉で、みたいな。

個人でそういうことをするのがおかしいわけじゃないですけど、集まってしまうとそれが「トランスジェンダー女性らしさ」みたいになってしまってて、そこに私はすごく違和感があった。なので当時、私、言葉がとてもよくないんですけど……「トランスジェンダー女性」らしくなりたくない、「普通の女の人」になりたいってすごく思っちゃったんです。

だから、私はLやGに関しては多少客観的というかフラットに見ているつもりで、少なくとも自分では偏見を持っていないつもりなんですけど、実は自分以外のTに接するにあたっては今でも少し構えてしまうところがあります。自分と果たして考えが合うだろうか、みたいに緊張してしまって。「私こそ正しい」とは思わないように、と気をつけてはいるんですけど……Tが一番わからないです。

森山 ねじれているんですよね。トランスジェンダーらしくないとトランスジェンダーらしい、みたいな、すごく不思議なねじれが。

能町 まさにそうですね。「トランスジェンダーらしい」となると、トランスジェンダーとして……言い方が悪いけど、あまり精度が良くない、ってことになっちゃう。トランスジェンダーに見られたい人ってあまりいないから、そこに矛盾が起こる。

ゲイやレズビアンは、お互いに隠していない場合は、あなたはゲイっぽいね、レズビアンっぽいね、と言うのはまあ内輪の冗談としては一応成立するんですけど、トランスジェンダーの人を前にして「トランスジェンダーっぽいですね」って言うのは冗談にならない。ほとんど侮辱と言ってもいい。当事者は、多くの場合、トランスジェンダーであること自体をないことにしたいわけで。

森山　それこそ「パスできていないね（パスとは、トランスジェンダーが日常的な生活のなかで、主に外見の面で、自認する性別の存在として認識されること）」って言ってることになっちゃうから。でも、面白いなと思うのは、もともとトランスジェンダーっていう単語は、「全然普通の男とか女に見えなくてもいいんです」っていう人が使い始めた言葉でもあったんです。

能町　えっ、そうだったんですか。

森山　アメリカのヴァージニア・プリンスというトランスジェンダーの活動家が、一九七〇年代にトランスジェンダリズムを主張しました。身体を改変して、「ちゃんと普通の男・女に見える」ようにするのが私たちの生き方なんだっていうトランスセクシュアルの人に対して、「いや、別に男なのか女なのかわからないとか言われてもいいです。これが私」っていう主張がトランスジェンダリズム。トランスジェンダーという言葉には、実はこの発想も流れ込んでいる。だから、トランスジェンダーという単語って、ちゃんと自分の望む男や女に見えなきゃっていう抑圧みたいなものを解除するための言葉でもあった。

能町　なるほど。私がさっき言ったことと正反対になりますね。

森山　なので、パレードに行って、トランスジェンダーのプラカードを掲げている人を見ると、おそらく意図的に、男なのか女なのかどっちにも見えるというか、めっちゃおじさん顔で髪の毛くるくるのガーリーファッションの人とかがいる。「男か女か、どっちかにちゃんと見えるとかじゃないんです、私」って主張しているんですよね。「女の人より女の人らしい」「男の人より男の人らしい」みたいに言われることに、はっきりと自分の身体を使って抵抗している。

能町 「LGBT」で一単語になっていますけど、LGBとTのあいだには、やっぱり、強めに線が入りますよね。かなり違う。Tのなかでも相当よりどりみどりだし。

森山 そうですね。「LGBT」に含まれていたとしても、シスジェンダー（出生時に割り当てられた性別と性自認に違和感がない人）のLGBの大半はトランスのことをほとんどわかっていない、というのはその通りだと思います。

名前をつけられない人たち

能町 ただ、面白いのが、LやGだと思ってたのにTになる人もいるんですよね。線を引いてはみたけれど、そこもまた全然乗り越えられる。

森山 僕の好きなアメリカの作家で、パトリック・カリフィアっていう人がいるんです。ずっとレズビアンのブッチ（性愛関係における能動的な役割、男性的ジェンダー表現を担うほう）で、SMが大好きな人だったんですけど、歳を重ねたのちに「性的なプレイにおいて「男性的に」ふるまうだけではしっくりこないとわかったので男性になります」と言って性別を移行した人で、[*11]すごく面白い文章を書く人なんです。ポルノグラフィと性暴力を同一視する議論に反対したり、SMやラテックス（ゴム製の光沢感あるキャットスーツやマスクなど）を使ったプレイに関する考察をしたり。

能町 私も名前をつけられないセクシュアリティの人をたくさん見たことがあって、そういう話が好きなんですよね。たとえば最近聞いた話は、もともと自認がゲイで、趣味でたまに女装をしていた、というAさん。Aさんは、あるイベントで女装していたときに出会ったストレートの男性Bさんを好きになった。Bさんも、Aさんが女装だとは知りながらまんざらでもなかったそうで、Aさんは女装の状態でBさんと付き合うことになった。でも、Aさんはふだんはごく一般的な男性のかっこうで、男性として会社勤めをしているんです。そして、そのことに違和感はさほど感じていない。つまり、Aさんはゲイだったはずなのに、ストレートの彼氏がいて、彼氏と会うときだけ女装をしているという……もうまったく名前がつけづらい状態。そういうのを聞くと、性ってグラデーションだなあって思うんですよね。そういう例を聞くのは単純に面白いんです。

森山 すごく面白いと思うと同時に、この面白さを勘違いして面白がる人もいるんだろうなっていうケースもあるんですよね。「本当に人っていろいろなんだな」というしみじみした感じの面白さではなく、嘲笑に値するキワモノという意味で「面白い」みたいな。

能町 ああ、そうですね。「面白い」という言葉だけでは誤解されるかも。自分と切り離された見世物みたいな感じで面白がるのは無責任過ぎる。なんかこう、自分とグラデーションでつながったところにいる……変わった人っていう言い方でいいのかな。自分が知らない趣味を持った人、ぐらいの楽しみ方、面白がり方、かなあ。そこの区別が難しい。

森山 そこを適切に面白がりたいとき、「クィア」とか言っちゃいますね。「超クィア、その生き方」って言うとしっくりくる。全然自分と関係ない、まったくわからないことをやっているのではないし、自分と同じっていうのでもなくて、そこにある、普通と違う感じに心惹かれる。そのポジティブさがクィアっていう言葉に込められていると思うんです。地続きだけど一緒くたにしない。そういう対象に対して「クィアだね」って言うのが、その面白さみたいなものをポジティブに評価することでもあるし、そういう繊細な位置取りができていることを指してもいる。「一緒くたにしない」って大事なところだと思っていて、じゃないと「人類みな兄弟」みたいな、とても雑なスローガンと区別がつかなくなる。

クィアっていう言葉は、権力関係とか差別とか、そういった非対称性についての認識を絶対に忘れないタイプの言葉なんです。「なんとなく一緒です」とか「もうみんな対等です」みたいな話だと、やっぱりそれだけじゃダメっていうのがあると同時に、でも、

＊11　パトリック・カリフィア『セックス・チェンジズ――トランスジェンダーの政治学』作品社、二〇〇五年。

完全に切り離された他人のことじゃないんだとも言いたい。このあたりの位置取りの仕方みたいなものに、クィアという言葉が重ねられてきたのかなと思いました。

分類して整理したら終わりじゃない

森山 一言で言えば「LGBT」という言葉の内側と外側の多様性についてここまで話してきた、となるのかもしれませんが、むしろ他者を理解しようと努めることと、理解しきったと思わないことのあいだに位置取りする、という感覚をふたりで確認してきた、と私には思えます。そして、クィアという言葉の背後に、そういう感覚はたしかにあるようにも思えるんです。

たとえば、「LGBT」って言葉はすごくわかりやすいし、「少なくとも性的指向と性自認をちゃんと区別してください」っていうのは大事なんですけど、「区別してくださ い」って言った瞬間に、「人間ってそんなに簡単に割り切れない」っていう話は当然出てくる。

逆に言うと、クィア・スタディーズが面白いのは、割り切れないところをまずはちゃんと割り切ってみた後で考えないと駄目だっていう考え方だとも言えるように思います。分類して整理したら終わりじゃない。分類して、整理して、理解できるんだけど、人の性のあり方って、そんな枠組みに都合よく整理されているわけじゃないので、そこの部分をつぶさに見ていく。整理分類した後の学問っていうか。

一方で、整理分類を経ない人は、ぐちゃっと、ひとまとめにして捉えている。そこが「クィア・スタディーズってなんですか？」っていうのを説明するときに一番難しいところで、一回整理を経由してもらわないと、整理分類するだけじゃ駄目なんだっていうことの意義が伝わらない。ここが解説の頑張りどころだなぁという気は、いつもしています。

能町 もっとしっかり分類すればいいのか、と捉えられると、すごく長い言い方、LGBTQQIA……覚えてないですけど十三文字ぐらいある、あの分類[*12]ならいいんですね？みたいなことを言われそうですね。分類すること自体は間違ってないけど……。

森山 文字が十三個あるから、十四個あるから、それですべての人がそのどれかには当てはまります、っていう話にはならないので、伸ばしていく方向では打ち止めになることがない。

能町 そうですね。無限小数みたいに、本来ずっと続いていく。そこをわかってもらいたいというか、そのあり方を感覚的に身につけてもらえたらいいんですけどね。

森山 最近だと、「＋」をつけて、LGBTQ＋って書いたりしますが、あの「＋」は、私は表

＊12　多くのセクシュアル・マイノリティのアイデンティティを総称した「LGBTQQIAAPPO2S」はそれぞれ、レズビアン（L）、ゲイ（G）、バイセクシュアル（B）、トランスジェンダー（T）、クエスチョニング（Q：17ページ）、クィア（Q）、インターセックス（I：93ページ）、アセクシュアル（A：118ページ）、アライ（A：179ページ）、パンセクシュアル（P：118ページ）、ポリアモリー（P：120ページ）、オムニセクシュアル（O：相手の性を認識したうえで、相手の性のあり方にかかわらず恋愛対象となる）、トゥー・スピリット（2S：97ページ）の頭文字をとっている。

記としてはありかなと思っていて、自分でも使っています。「だけじゃない」っていうことを記号で書いておくというのは重要なことかなって。もちろん、なんで「＋」の前にあるのがLとGとBとTで、たとえばA（アセクシュアル・アロマンティック）とかI（インターセックス。詳しくは93ページ）じゃないんですか？って言われたら、マイノリティのなかで相対的に有利にいる人たちのほうが選ばれちゃっているってところはありますけど。

能町　「＋」という表記は、記号だから違和感があって、人に考えさせますよね。

森山　「ＬＧＢＴＱ＋」と書くとき、その「＋」の部分に何が込められているのか、「＋」って書いて終わりにするんじゃなくて知ってほしい。

壮大なその他

能町　ここまでお話ししてきて思ったのが、冒頭でもちらっと言いましたけど、クィアのあり方って「その他」という感じがするんですよね。あらゆる、名前がしっかりついている箱……そこになんの疑問もなく入れて、私は○○ですって名乗れる人たち……そういったところからこぼれてしまった人たちを全部まとめて「クィア」とするのがしっくりくるのかな、と思いました。「壮大なその他」。

たとえば、「私はゲイです」とシンプルに言うことにまったく違和感がない人もいると思うんですけど、「うーん、ゲイだとは思うんだけど、いわゆるゲイとちょっと違う気がするんだよね」みたいな人も包み込んでくれるというか。

森山 今おっしゃった「壮大な」って、大事だなと思う。わかりやすい人が中心にたくさんいて、その他の人は端のほうから落っこちています、っていうんじゃない。「私たちその他は壮大なんですけど」と言いながら盤面をひっくり返すというか、そういう気概がクィアという言葉に込められているのかなと思いました。

能町 自分が、他の人とは違う自分であると自覚すると、自分以外の全員が「その他」。だから、クィアっていう言葉は本来誰にでも寄り添えるはずの言葉なのかもしれない。

森山 「誰もが誰かにとっての「その他」の人たちである」、あるいは「誰もが何らかの普通にとっての「その他」である」っていうのを、みんなわかっていこうね、みたいな、そういう旗印のように思いました。

――そう考えると、「クィア」という言葉との距離が近くなるような気がします。……ただ、ちょっと咀嚼できていなくて、そうなると「その他」のほうがマジョリティでもあるような気がしてしまうのですが。その場合、「普通」ってどうなるのでしょう？

森山 そこにはやっぱり、「普通さ」をめぐる微細な非対称性があると思うんです。異性愛者だけどシングルマザーだから大変だとか、結婚しているけどDV被害者だとか、そういう違いがいっぱいある。そういう細かなものが見落とされて、「おおむね普通だから、普通の人」という話になってしまうのが「普通」というものの怖さだとすれば、あっちこっちに、普通じゃないその他の部分があるっていうのを見出していって、「それがあるじゃん！」っていうことを言うのが大事なのかなと。

と言いつつも、そうやって「クィア・スタディーズは、あるいはクィアの発想はみんなに関係します」という結論に着地することに、少し割り切れないものも感じるんです。それって改良バージョンではあるけれど「人類みな兄弟」みたいな雑なスローガンに逆戻りしていないだろうか。私にとって、クィアという言葉は、私自身の苦境とか被差別体験とか、そういうものに結びついたもっと個人的で局所的なもののようにも思えるのです。でも、自分に関することを言語化するのって、とても難しい。クィアという言葉について、私自身の踏み込みがもう一歩足りないんじゃないか、そんな気がしてきました。

能町　自分自身に深く踏み込むことって、本人にとってとてもリスキーなことでもありますよね。でもせっかくの機会なので、私もこの先、きちんと自分の内部に踏み込みながらお話ししていきたいです。それをまた普遍的な内容へと展開するのもデリケートさが必要なことなので、森山さんの助けを借りて慎重に手探りしつつ……。

当事者性が強すぎて

以前から私が、こういった問題について語る際に一番悩んでしまう根幹の部分についてお話ししたいです。

私は一般論として——偽悪的に言えば、まるで他人事のように、LGBTやクィアについて語ることはできます。こう考えるべきだ、世間はもっとこうするべきではないか、あるいは、自分にもこういう偏見があった——などと、訳知り顔でコメントすることもできます。そういうとき、私は嘘をついているわけではなく、きちんと本音で話しているつもりです。

ただ、問題は、自分がまぎれもない当事者であるということです。

自分が当事者だということを意識した途端に、急に「客観性」がグラついてしまうのを感じます。

自分がかかわる問題について、「世のなかはこうあるべきなんじゃないか」と言った瞬間に、それはただ卑小で個人的なわがままに過ぎないんじゃないか、という思いがよぎったり、あるいは自分の過去の嫌な記憶がよみがえって急にそのことに触れたくなくなったりします。さらにこんなとき、もし私の意見に反論されたらと思うと、仮にそれが罵倒でも差別でもなく一聴に値する意見であったとしても、当事者である自分の切実な思いに対する反論は即ち自分自身の存在の否定であると捉え、とんでもなく傷ついたり感情的になったりしてしまいそうで、だったらこんな問題にははじめから言及しなければいい、と避けたくなります。

そのため私は、自分の思いを素直に表現し、世間にアピールしたり、デモをしたりする人たちに対しては、自分にはとてもできないという尊敬の思いもあれば、なぜそんな心身の危機を顧(かえり)みないことができるんだろうとたじろぐような思いもあります。

自分がかかわりうることについて何ごとか主張するのであれば、こういった思いをある程度克服しなければいけないようにも思います。ただ、主張するたびに心労となって日常的な精神の健康に影響を及ぼすくらいなら、あえて克服しない、という方法もあるのかもしれません。

自分について主張すればするほど自分の傷をえぐるような心持ちになるので、よほど差し迫った事情がない限りは問題から遠ざかりたくなってしまう、という件について、森山さんに相談あるいはお話がしたいです。

能町みね子

当事者性が強すぎて

森山　次の話題に入る前に、能町さんにいただいたお手紙の話をぜひしませんか。

能町　ぜひぜひ、お願いします。えーとですね、なんていうのかな……私は、自分が当事者である場合に限って逆にあまり何も主張することができないっていう、個人的な問題があるんです。自分が関係ないことに関しては、むしろいろんなことをある程度無責任に言っちゃったり、迂闊なことを言っても訂正すればいいやと思ったり、それなりになんでも言えるんですけど、自分に関することになると急にこう……何も言いたくなくなってしまうんです。当事者性が強すぎて。

森山　ああ。

能町　自分が言ったことが、何らかのコミュニティの代表的な意見になったりしかねないという、そういう責任も感じるし。それに、自分のことだと、あからさま過ぎて言いづらくて。何らかの権利を主張するにしても、なんとなく腰が引けてしまうというか。「これはただの自分のわがままなんじゃないか」みたいな気持ちに苛（さいな）まれて言いづらくなったり。

　私の場合だから、もちろんLGBTのTに関することになるんですけど、Tについては何も迂闊に言えない。明らかに世間で問題になっていることがあって、それについて言いたいことがあったとしても、主張するハードルが相当高くなってしまう。そんな問題があります。

森山 あまりにも当たり前の基本原則としては、「言いたくないことはお互いに言わなくていいようにしましょう」っていうことになると思います。「どうぞ無理しないでください、僕も無理はしません」って。

……あとは、そうですね、そういうときに当人の代わりに大事なことを言うために学問があるんじゃないか。あるいは、対話というものも「言いたくないこと」を言いたくないままに大事なこととして提示するためのひとつの方法かもしれない。

能町 ああ、たしかにそうですね。そう言ってもらえるととても心強いです。

森山 トランスの人が自分では言いにくいだろうことを、トランスじゃない人がきちんと勉強したうえで語ることは十分にありえますよね。僕がゲイについての話題を自分で語る場合にも、黙っておきたい部分と話したい部分の切り分けがうまく行かなくて、最終的に言いたいことがうまく言えなくなるときはあります。そういうときには、自分以外の人がスパッと何かを言い切ってくれると助かる。

対話であることが、「言いたくないこと」の問題を解消はしないんだけれど、すり抜けるためのひとつのやり方になるといいのかなって思いました。

能町 そうですね。たしかに私も、たとえばゲイの友達がすごく不条理なニュースに対して何か主張している場合は、まったくためらいなく賛同できます。お互いがお互いのことをある程度勉強すれば、むしろ自分のことじゃないことのほうが客観的に意見を言ったりすることができますね。

森山 そうですね。……客観的っていうと、何か主観的なことが悪いことみたいになっちゃいそうな気もするので……自分のなかに心理的なブロックみたいなものがある場合、屈託なく誰かに代わりに言ってもらってもよいのでは、という感じでしょうか。

……ええと、僕の身にいつも起こっているエピソードをしゃべってもいいですか。

能町 はい。

森山 大学で授業していて、「私は日本のゲイ男性について専門に研究しています」って言うと、学生から必ず「なんでその研究をしているんですか？」と質問されるんです。でも多くの場合それは、なぜその研究をしているのかという理由を尋ねる質問ではなくて、実は「森山さんはゲイなんですか？」って聞いているんですよね。

能町 ああそうか、なるほど。たしかにそうかもしれない。

森山 「ゲイなんですよね？」って聞かれて、「ゲイなんです」って言ったら、「だからその研究をしているんですね」と納得されてしまう。僕のなかにある問題意識は全部無視されて「ゲイだからゲイの話してるのね」って片付けられることに対する抵抗があって、この質問には答えたくないっていつも思うんです。そもそもこの質問って、たぶん質問じゃないんですよね。自分が納得したいがために、そのための手がかり、いや言質(げんち)を引き出そうとしている感じが嫌だなって。そんなときは個人的な話をしたくない。
だから、僕のなかにある「その話をしたくないな」と、能町さんのなかにある「この話はしたくない」の理由はけっこう違うなって、今、興味深く思ったんです。

能町 そうですね。私は自分をあまり掘り下げたくない、という思いがあるのかもしれないです。自分がなんでこうなのか、っていう原因を、追究したくない。他人からはとくに、求められたくない。自分が何か主張することによって、人から「なぜあなたは、そうなのか」って求められかねないと思うことがあって。

……さっきからすごく曖昧に言ってますけど、「自分がなんでこうなのか」「なぜあなたはそうなのか」というのは、要は「なんで自分は／あなたはトランスであり、そのような生き方をしているのか」という意味です。本音を言えば、自分についてトランスって言葉すら口にしたくないんですよ。だからこうして話していてもどんどん曖昧な言い方になってしまう。その時点で相当デリケートな話。なるべく触れずに過ごしたい。

森山 さっきの僕の場合は「これだけ深く掘ってるのに、そんなに浅いところで納得されても」って感じですかね。能町さんは逆に、「自分のなかで、まあこういうもんかなって思って掘るのをやめたのに、横から手を突っ込んできて掘るなよ」ですかね。たぶん、どっちもあると思うんですよね。
そこに手を突っ込んできていいって思えるのが、マジョリティの特権だと言えるのか

能町 もしれないし、手を突っ込まれて嫌がっても「いや、でも穴のなかを見せてくれないとわからないじゃない」って言われて見せざるを得ない立場に置かれるのが、マイノリティであることの意味なのかなって思ったりもします。

森山 「どうしてゲイの研究をしているんですか」って言うとき、相手のその質問には、まったく深みがないですよね。言質を取るという意識もまったくなく、もうほとんど無意識に、素朴に訊いてしまっている。でも、その無意識のなかには、やっぱり言質を取りたい、正体を暴きたい、みたいな気持ちが入っている感じがします。その無意識性が怖いです。

そうなんですよ。だから、能町さんが手紙に書いている、克服すべきか、あるいは克服しないでよいと捉えるべきか、という問いに対しては、「それはそもそも私たちが克服しなくちゃいけない問題ではないのでは?」と思いました。

自分のなかに開いている、自分の持っている問いの穴の深さをどう見せるか、とマイノリティが自問しなきゃいけないのがそもそもおかしくて、そこを覗こうとする人の覗き方とかデリカシーの問題では?って思うんですよ。「それを聞いたらわかる気がする」とか、「そこを覗かせてくれないと納得できないじゃない」っていう言い方は、やっぱり踏み込み過ぎだと思うんです。そもそも能町さんとか私が克服について考えるべき問いなのかな。

能町 ああ、そうかもしれないですね。うん……ここを自分のウィークポイントだと考えてはいけないですね。

森山 うん……能町さんにはそう言えるんだけど、それを自分に向けても言えるかはまた別問題で。自分に関してはやっぱり、「もっとわかりやすく、自分が怪我をしないようにきれいにプロテクトしたうえでこの穴を見せてあげなきゃいけないのかな」とか思っちゃったりもして。

能町 (笑)。それは職業柄もありますよね。

森山 それもありますね(苦笑)。

「乗り越える」って、なに?

能町 主観があまり良くないものだ、と思ってしまう固定観念みたいなものも私のなかにあります。主観は主観でちゃんと、一旦捉えないといけないですよね。

森山 そうですね。……でも、「主観は主観として捉えなきゃいけない」っていうのも時につらい。自分が何を考えているか、自分で受け止めたくないとき、ありますよね。

能町 あります。捉えすぎたくない。捉えすぎちゃうと、ちょっと精神的にまずいことになるなっていうときがあります。

森山 マイノリティって、そこで一旦捉えることをやめる、棚上げにすることで今日と明日と明後日をやっていくみたいな知恵を持っていることによってようやくやっていけているところもあると思います。

だから、自分が抱えている問題から遠ざかりたくなってしまうって、気分としてとてもよくわかる。

能町 自分と向き合わないといけない、という考えも、ちょっと思い込み過ぎなのかもしれませんね。前提としてまず自分が問題を抱えていて、その問題に向き合い、打ち勝たないといけないっていう思いがどこかにずっとあって……。これ自体がまさに主観ですけど、これって、重荷ですよね。こういう重荷を持っているからこそ、マイノリティという立ち位置になるのかもしれない。

森山 マイノリティについて語るときに、みんな簡単に「乗り越える」とか言うじゃないですか。ほんとやめてほしい。「乗り越える」ってなに？　「乗り越える」とか言っている前に、そこの障害物をあんたがどかして、って思うところがあって。

能町 そうですね（笑）。私も本当は大っ嫌いなんです、「乗り越える」は。

森山 なんだろう、乗り越えることが美談、みたいな発想は、私の穴の問題は私が自分で穴のなかを覗いて解決しないと、みたいな話に結局なっちゃうので、やめてほしい。

能町 障害を乗り越えて頑張っています、みたいな言い方、当事者も部外者も、みんなすぐしますからね。

森山 乗り越え……ない、です。

能町　（笑）。乗り越えたくないですね。なるべく乗り越えずにやっていきたい。

森山　そうですね。たとえばクィア・スタディーズ以前の社会運動みたいなものにあった、「世のなかをより良く変えていくんだ」みたいな発想に対して、たしかに世のなかはより良く変えていくんですけど、そこで、「乗り越える？　はあ？　後ろに向かって勝手に歩きますけど」みたいに美談の方向に逆らうのがクィアっぽい気がしていて。乗り越える方向には進んでやらない、みたいな。

能町　ある困難があって、その困難にすごくつらい思いをして打ち勝って、乗り越えて、いい社会にしていこうっていう方向性ももちろん全否定はしない。そういうこともありえるし、そういうことをやってきてくれた人がいるから生きやすくなった部分も確実にある。でも、じゃあ、全員がそうやって一旦すごくつらい思いをして何かを乗り越えなきゃいけないかっていうと、もう……、そんなの、効率が悪い。マイノリティとされる人の全員が全員、苦難を乗り越え、打ち勝ち、つらい思いをしないといけないのか、っていうこと自体がもうちょっと考え直されてもいいはずですね。

第2章
基準を疑え、
規範を疑え
——性、性別、
恋愛って
なんだろう？

男と女っていう二通りじゃない

森山　1章では、クィアという言葉がどういう含みを持っているかについてお話しするなかで、それが「LGBT」という言葉に抗う側面を持つことに触れました。あらためて、「LGBT」という言葉について簡単に確認しながら、その前提にある「性別」という要素について考えてみたいんです。能町さんはすでにご存知のことも多いと思いますが、少しお付き合いいただけますか。

LGBTという単語については、性的指向（sexual orientation：恋愛感情や性的欲望がどの性別に向いているか）と性自認や性同一性（いずれも同じ「gender identity」という単語の日本語訳で、自身の性別に対する持続的な感覚を伴った認識）という単語を使うことでL、G、B、Tがそれぞれ理解できます。性自認・性同一性が男性で、性的指向の対象が男性だと男性同性愛者。出生時に割り当てられた性別が男性で性自認・性同一性が女性の場合、その人はトランスジェンダー女性です。仮にこの女性の性的指向の対象が男性であるならば、この人はトランスジェンダー女性の異性愛者であって、男性同性愛者ではないんですよ、と誤解を解くように説明することもよくあります。

ただ、LGBTを説明することに最適化された性的指向や性自認・性同一性の枠組みの最大の問題のひとつが、そもそも人の性別は男と女の二種類、という前提にしてしまっている、ということなんです。

能町 はい。

森山 たとえば、レズビアンというのは女性で女性が好きとか、ゲイは男性で男性が好き、みたいに言いますよね。だから、LGBTという言い方は、男女二元論に強く依存している。だけれども、本当はそもそもそこが違うのでは、という問題がある。

能町 ああ、そうですね。そこはすごく難しい。LとかGを語るときに「女が女を好き」、「男が男を好き」って言ってしまうとわかりやすいけれど、この説明自体がかなり乱暴ですね。

森山 たとえば、1章でも触れたように（34ページ）男性でも女性でもない性別の人間であるという自認をもって生きている方はいっぱいいらっしゃいますよね。日本では、Xジェンダーという呼称が用いられることも多い。ソンヤ・デールさんという社会学者の研究によると、一九九〇年代後半に、大阪や京都の当事者によって使われ始めた単語のようです。最近では英語圏由来のノンバイナリーという言葉も使われますね。いずれにせよ、そこにあるのは、そもそも性別は男と女のふたつ、という前提に対する疑義です。

能町 Xジェンダーを自称している人は、けっこう多いですか。

森山 オフィストイレの利用に関する統計調査をもとにした岩本健良さんの研究によると、全回答者の2%がトランスジェンダーで、さらにその約半分がXジェンダーと解釈できるそうです。[*1] ただし、Xジェンダーとトランスジェンダー女性・男性をはっきり分けられるわけではないと岩本さんは指摘なさっていますし、この数字だけが独り歩きしてしまわないよう気をつける必要はあると思いますが。

能町 Xジェンダーの人たちが直面する問題にはどういうことがあるでしょう。身近なところで言えばトイレとか、何かというと男と女、どちらかに丸をつけなきゃいけないとか？

森山 そういうものも含めて、私たちの社会では男性と女性のいずれかであることを要求される場面ってすごく多いんです。Xジェンダーの人たちはそれらの場面のすべてにおいて、自分のあり方が尊重されていないというつらさを経験していると思います。

能町 なるほど。自分の身分を証明しなきゃいけないときは、だいたい性別を表記させられますからね。まあ最近は、性別欄を設けるのをやめたりとか、選択式の場合に、男・女・回答しない（無回答）の三つになったり「その他」が入って四つになったりとか、多少はマシになってきた感じはありますけど。

森山 たとえば、二〇二一年の四月にようやく、厚生労働省が、法的拘束力はないものの、履歴書の性別欄を任意記載とする方針を打ち出しましたね。あとは、東京都以外の46道府県の教育委員会が、公立高校の入試に関して二〇二二年度までに入学願書の性別欄を廃止することを決定しました（二〇二二年一〇月に東京都教育委員会も廃止を決定）。

　もちろん、場合によっては、性別のデータを集めなければならないときもあります。女性教員の採用比率を調べるためには採用された教員の性別を当然訊く必要があります。

だから、応募、選考の段階では訊かない、言い換えれば履歴書には書かせないけれど、採用されると決まったら性別を教えてください、とすることは可能です。性別を訊かないがためにに気がついたら採用したのは男ばかり、みたいになっては本末転倒です。だからいつでも性別を訊いてはいけないわけではもちろんないのですが、そもそも日本社会は、訊く必要のないときに性別を訊いてばかりいた、っていうのはあると思うんですよね。

能町 そうですね。

森山 近頃ではノンバイナリーの人たちの生き方みたいなものがだいぶクローズアップされているとは思います。もちろん、性別欄の問題や男女二元論の問題は、ノンバイナリーの人にだけかかわるものではありません。ただし、ノンバイナリーの存在がひとつのきっかけになって日本社会における性別の位置づけが再考されるようになったのは間違いありません。

男とは？　女とは？――「好きな男ランキング」で悩む

能町 男・女という定義や枠組みについて考えることが、最近ちょうど私の身近でもあって。私は毎年年末、ネット上で「好きな男ランキング」っていう企画をやってるんです。も

＊1　オフィストイレのオールジェンダー利用に関する研究会（金沢大学・コマニー・LIXIL）『オフィストイレのオールジェンダー利用に関する意識調査報告書』二〇一九年五月。

ともとはおふざけ半分だったんですけど。

以前、雑誌『an・an』に「好きな男ランキング」ってあったじゃないですか。木村拓哉さんが十五年間ずっと一位だったやつ。あれが、『an・an』の企画としては二〇〇八年に終わったんですよ。

　あのランキングってほとんどジャニーズが上位なんですけど、私の友達のあいだにはジャニーズに熱心な子は全然いなかったんです。どこの層が投票してるの？っていう話を友達同士でしているうちに、仲間内で集計したらどういうランキングになるんだろう？って思って、二〇〇八年にこぢんまりとやってみたんです。二〇一二年からは恒例化して、毎年やるようになりました。初回の二〇〇八年は、一位に加瀬亮さん、二位に堺雅人さん……と、渋めの俳優が上に来る感じでした。

森山　たしかに渋いですね。ジャニーズタレントのようにファン層が明確にイメージできるタイプの男性、ではない人が掬い上げられているところが興味深いです。

能町　当初は、ジャニーズを上位にするようなマーケティングど真ん中にいる女の人ではない、ちょっと中心部からずれた私たちが自分たちで楽しめることをしてみよう、みたいな気持ちでした。一票しか入らなかった人まですべてランキングにして発表する、ということにしてて。

森山　ちなみに最近のランキングではどういう人が上位になるんですか。

能町　二〇二一年の年末の結果では、一位は千葉雄大、二位は岩井勇気（ハライチ）、三位が星野源。星野源さんはここ十年、トップ3から外れないです。その下から何人か拾うと、藤井風が四位、JIMIN（BTS）が四十二位、武田砂鉄（ライター）が五十二位とか、絶妙なところがきますね。

森山　おおお、なるほど、面白い。星野源さんはど真ん中の人気者でもありますが、「通好み」感もたしかにありますね。

能町　投票の条件は「女の人が男の人に投票する」というものなんですけど、続けていくうちに「じゃあ「女の人」って、定義は何？」って思い始めて。もともと、マーケティングに載らないような女の人の味方だよ、という気持ちで始めたのでそこは崩したくない。そこで、ルールを「自分が女だと自認していれば投票していいです」として、「「男が選ぶ男」になっちゃうとコンセプトがずれるので、それはやめてくださいね」と書くようにしたんです。すると今度は、「じゃあ、投票対象となる「男」とは？」となってくる。

森山　なるほどね、そっちもか。

能町　そっちもなんです。たとえば、マツコ・デラックスに投票してくる人もいるんです。「好きな男」の定義は、恋愛対象でもいいし、単に見た目が好きでも中身が好きでもなんでもいいので、そういうこともありえる。マツコさんは、ご本人が「私、おじさんだから」とよくおっしゃってもいて、女装しているゲイだと自認してるから有効票にしました。

そんな感じで、軽い気持ちで始めたランキングなのに迷う例が最近どんどん生まれてきて。たとえば、VTuber。もともと投票対象は「現実に存在する個人」と決めていて、アニメキャラとかはナシにしていたんですけど、VTuberになると「現実に存在する」の定義からして曖昧になるし、性別どころの問題ではなくなってくる。仮に女性が男性の役をやっていたとしても、見る側は知らずに男性として把握している、どうしよう?って。最初は有効票にしてみたけど、「現実に存在する個人」からは外れるということでやっぱりVTuberは無効にしようかな、となったり。

現実に存在する人で迷ったのは、女王蜂のアヴちゃん。アヴちゃんにも投票があったんですけど、ご本人はインタビューでジェンダーについて言及することもあって、確固たる考えをもって、自分自身のセクシュアリティについて明言していないんだと思うんですよね。でも、票を切り捨てるのも申し訳ないと思って、載せるだけ載せて、「もしご本人がすごく嫌な気持ちになったらごめんなさい」みたいな注釈をつけることにしました。こんなにげない企画でも、女とは? 男とは?って考えていくとそう簡単じゃないんです。考えることは面白くもあるんですが。

森山 本人の性自認・性同一性を尊重する、本人が嫌がることはしない、が基本ではあると思うんです。そのうえで、そもそも男性と女性が排反的なものである必要もない、と考えることも大事だと思います。たとえば、私は女性だけれど男性として評価してもらっても全然かまわない、という人がいても問題はないし、それはそれで面白い。

男と女と「それ以外」？

森山 性別二元論の話に戻ると、人を男と女の二種類になんとしてでも分けるべしという社会規範は批判されていますけれど、たぶん世のなかの「普通の人」にとっては、この社会規範の中身を認識すること自体がけっこう難しいと思うんです。

その理由のひとつですけど、そもそもセクシュアル・マイノリティを「男でも女でもない人」っていうふうに思っている人っているじゃないですか。そうすると、レズビアンやゲイ、トランス女性やトランス男性が、女性、もしくは男性で、っていうところをまず飲み込んでもらう必要がある。それから、「そういうのじゃない、性別二元論に当てはまらない生き方をする人がいるんだ」って理解してもらわなきゃいけないので。

能町 ああ……！ たしかに。

森山 そもそも、その人たちのなかでは、一番最初が二元論的じゃないんです。男と女とそれ以外で、それ以外のところにセクシュアル・マイノリティが全部入っている。

能町 もはや三元論ですね。

森山 そうなんです。まず、男と女というところから排除されている人を男と女に戻し、そのうえで、「だからってみんながここに入るんじゃないんだ」って言わなきゃいけない。

能町 私が当事者だから、その視点はもう忘れちゃってましたけど、その通りですね。

私は、書類に性別記入欄があって、男・女の他に、「その他」とか「答えたくない」があったとしても、まったく迷わず「女性」に丸をつけるんですよ。でも、世間の一定の人たちは、私のことを「その他」に丸をつける人だと思っている可能性があるわけですね。

森山 それです。たぶん僕に関してもあって。今でも当然のように大手の新聞にも「最近では男性と女性だけじゃない生き方があって……」みたいなことがインタビューなんかで載るじゃないですか。そこで想定されているのが、ノンバイナリーじゃなくてセクシュアル・マイノリティ全般。だから、性別二元論を批判しようとすると、たぶん最初は刀が空を切るんです。

能町 一般的なゲイの人……って言い方も変ですが、自分が男だと認識したうえで男の人が好きだという人に対しても、理解したつもりになった人が「そういう、どちらでもない生き方もいいと思う！」って平然と言ってくる（笑）、っていうことですよね。

森山さんが大学で教えている学生でも、そういう人はいますか？

森山 いや、僕の授業を受けている学生だと、さすがにいないですね。はじめからまったく興味がないわけじゃない人たちなのと、説明に多くの時間をかけられるので。

たとえば、男女二元論に沿った表みたいなものを書いてもらうんです。性的指向の対象や自分の性同一性、出生時に割り当てられた性別に「男」「女」を組み合わせて、全部で何パターンあるかを検討してもらう。そうすると、セクシュアル・マイノリティにあたるカテゴリーに「男」「女」というラベルがつくことが当然だと理解してもらえるんです。それを書いたうえで、「とはいえ、この表って二元論的だよね」と説明できる。

しかも、その「男」「女」からの除外されっぷりが、同性愛者、バイセクシュアル、トランスジェンダーなどで等しくはない、という問題もあります。男性同性愛者は男性なんだけど、トランス女性は女性じゃないって言う人も残念ながらいるじゃないですか。セクシュアル・マイノリティなら三元論の三つめの箱に全部入っているわけではない、というところが、さらに問題なんです。まず「トランス女性は女性です」「トランス男性は男性です」って、きちんと二元論のなかに入れてもらう作業をしないと、トランスジェンダー当事者の性のあり方が尊重されず、ミスジェンダリング（トランスジェンダー男性に「彼女」という代名詞を使うなど、他者をその人が望まない性別の人間として扱う発言をすること）などが起こってしまう。

能町 ゼロから知ろうとするとたしかにすごくややこしいけど、すごくざっくり「いろんな人がいるんですね」じゃ、ダメですよね。最初に戻って一旦丁寧に分けたうえで、でも本当は分けられない人も出てくるよ、って説明しなくちゃいけない。

森山 そうなんですよ。常に説明するときに二段階にしなきゃいけなくて。

同じことが、性的指向と、性同一性に関しても言えて、この概念自体は導入しないといけない。ですが、導入したら、もう一回捨て去ってもらわなきゃいけないときがあるっていうのが、けっこう大事だと思うんです。

1章でもお話ししましたが（33ページ）、たとえば性的指向っていうのは、どの性別の人に対して恋愛感情や性的な欲望を抱くかということだと説明しますよね。すると、ある女性の学生が、「私の友だちの男子は、女性が恋愛対象なんだけど、男性も性的欲求の対象なんですが、その人の性的指向は何になるんですか？」と質問してくれたんです。恋愛対象と性的欲望の対象の性別がずれる場合、性的指向という概念はたしかにうまく使えない。でもそれはその友だちの性的指向が間違っているということではなくて、性的指向という概念が万能ではないからその現象を上手に説明できないだけなんです。このエピソードをその後の授業で使わせてもらいながら、性的指向概念は、いつでも使えるものではないんだよって説明するようになりました。

でも、それを理解してもらうためには、まず性的指向という言葉の意味を理解してもらわなきゃいけない。インストールして、一回パソコンを動かしてからアンインストールするとちゃんとパソコンが動く、そんな謎アプリみたいなものになっていて。

能町 あぁー、ほんとそんな感じですよね。一個一個、全項目で、一旦インストールしてから捨てる作業をしないといけないわけですね。これは……基本的なところを伝えるだけでも大変ですね。

森山 性別に関しては、性表現（服装や容姿等において、性別に結び付けられた要素をどう表現するか）とか、出生時の割り当てとかいった要素もありますしね。

私の側で道具を整理して渡して、「理解できましたね、でもこの整理の仕方ってすごく大雑把なんですよね」まで納得してもらって、やっと一区切り。たしかに簡単ではないけれども、だからと言って「複雑だから理解できなくてもいいかな」と思われてしまってはいけないので、なるべく簡潔で効率的に説明できるよう、心がけてはいます。

いずれにせよ、いろんな学生が人々の多様性の実例を私に教えてくれる。それを利用させてもらって説明できるので、すごくラッキーな立場にはいると思います。

能町 実例ですからね。環境が揃っていて、相手もそういうことを言ってくれる状況にないと、知ることもできないですもんね。

ともあれ、性別二元論じゃダメ、ということが最終的な結論ではあるんだけど、その前の段階をおざなりにすることもダメだということですね。

基準自体を疑っていい——性の面的イメージ

——おふたりから見て、性別二元論ってどんなふうに見えるか、あらためてお聞きしてみたいです。おふたりだったら、性別二元論をどんなふうに批判しますか？

森山 まず、性別二元論はノンバイナリーの人の生き方を否定していることは批判したいですね。「あなたは人の性別を男女に分けたいかもしれないが、男性でも女性でもない性別の人として生きている人がここにいる」と強く主張したい。

ただし、ノンバイナリーを「その他の性別」だと言っていいのかというのは、また別の問題としてあります。「その他の性別」って、男女の二元論を前提として、それに当てはまらない対象を指していると思うんですけど、本当はそこで終わりじゃない。男女の性別の分け方そのものを私は全体として拒否しているので、私が「それ以外の性別」だって言いたいんじゃない、そういう枠組みのもとに話を考えたり、人々の性別を割り振ったりすること全体を批判しているんです、っていうノンバイナリーの人もいますし、そのように考えている人はノンバイナリー以外の人にもいます。

能町 たとえば私は「男・女」という選択欄があったら女に丸をつけるんですけど、それは便宜上のものというか、「どちらかというと女」みたいな感覚です。でも、手垢のついた表現ですけど「男と女はグラデーション」っていう言い方があるじゃないですか。どんな男にも女性性はある、どんな女にも男性性はある、みたいな。それに従って、男か女かの一直線の軸のあいだに自分で目盛りを打っている、というのとも違うんです。なんだろうな……直線上ではない、平面上あるいは立面上のグラデーションとでも言ったらいいのかな。

森山 ああ、はいはい。

能町　「最も男らしい男」がいて、「最も女らしい女」もいて、そのあいだがいる……っていうわけではなくて、もうちょっと面的な捉え方をしたい。すごく抽象的ですけれど。

森山　今のお話を聞いて、なるほどなって思いました。性別二元論にとらわれない生き方っていうのは、男女のスペクトラム、すごく「男らしい」端っこからすごく「女らしい」反対の端っこまでの連続体の真ん中に私はいるんですっていう話じゃなくて、そのスペクトラムの上にそもそも私はいないんです、っていう。

能町　そういうことですね。「男か女か、そのあいだか」という一直線の基準自体を疑っていいと思うんです。誰もがその一直線上にいると仮定すると、どんな人も「男度20%、女度80%」みたいにふたつの基準で計れることになってしまう。じゃあノンバイナリーの人は「男度50%、女度50%」なのか？って。そんなわけないと思います。

森山　私もそう思います。たぶん、男と女ってそもそもスペクトラムじゃないですよね。あえていうのであれば、「男向き」の矢印と「女向き」の矢印があって、両方を組み合わせたところにその人の性別のあり方がある、と考えたほうがまだ近い。ベクトルの足し算みたいなものですよね。もちろん、「男向き」と「女向き」の矢印って、ベクトルみたいに独立していない。私たちの世のなかでは「男向き」矢印が伸びていくと、「女向き」矢印が短くなる、といったかたちで連動しているとみなされている。だからスペクトラムっぽくは見えるんだけど、実際としては両極端があって真ん中がある、というイメージでは不十分だと思うんです。

ああ、そうか。性別二元論批判って、「人は両端にいるとは限らないよ」っていうのと、「人はその線上にいるとは限らないよ」っていうものの二段階の批判があって、二段階目の批判までするのが大事なのかな。

能町 そう言っていただけるとわかりやすいですね。よく、最近の科学トピックでもあがっていますけど、体の時点ですでに二元論じゃない、っていうじゃないですか。同一人物のなかで、ある細胞の性染色体がXXで、また別の細胞の性染色体がXYだったという例がある、とか。[*2] だから、抽象的な自覚、自認の面でいうと、それこそもっと多様だろうと思うんですよね。

森山 たしかに、現在の生物学の水準では、そもそも性別は男女にふたつにきっぱり分かれる、という考えのほうが科学的に誤り、といわれているはずです。卵巣や精巣の発達や性染色体のパターンなど、性別にかかわる特徴がすべて一貫して「男」型、「女」型になるわけでもない、そもそも従来性別といわれてきた要素は多元的な現象の総体であることがわかってきている。そういう意味でも、二元論は誤りだといえるかもしれないですね。

身体的に非典型的な性別のあり方をしている人たち

――性の起こり方と関連して、性染色体や性器などが多くの人たちの性別のあり方とは違う、

インターセックスと呼ばれる人たちについては、どういう議論があるのでしょう。

森山　生物学的に非典型的な性別のあり方をしている人のことをインターセックスと呼んできたんですけど、インターセックスと呼ぶのかどうか自体も議論の対象ですよね。

疾患名ではＤＳＤ（Disorders of Sex Development）、性分化疾患といいます。ＤＳＤの当事者の多くの人の性自認は男性や女性ですので、「身体上の健康の問題で私の性の問題ではない。だから自分たちはセクシュアル・マイノリティじゃないです」っていう人も多いんです。

能町　でも、考えの方向性としてはちょっとトランスに近いですよね。体が合っていない、ということになってくるので。

森山　トランスの人のなかにも、自分の体と折り合いがつけば、別に自分はマイノリティではない、と考える人も少なくないと思います。ご本人のリアリティですから、それを否定する必要はないと私も思います。

ただ、ＤＳＤの場合には、はっきりとセクシュアル・マイノリティの枠に入れないでくれ、といった社会運動もあったりするんです。「ＬＧＢＴＩ」とか絶対に書くなという

＊2　二〇一〇年オーストラリアの臨床遺伝学者のポール・ジェームスのもとを訪れた妊婦の羊水検査をしたところ、性決定の遺伝子である染色体が「XY（男性）」のペアと「XX（女性）」のペアの二種がひとりの人間の身体から見つかった。（Web版 Nature ダイジェスト「揺れる性別の境界」二〇一五年二月十九日）。

人もいますし、インターセックスという言葉を嫌いな人もいる。一方、インターセックスという言葉を使って、性の多様性のなかにこれを入れるべきだと主張する人もいます。入れるなって言われるのも、なんか……複雑な気持ちですね。「一緒にしないでくれ」みたいな考えもあるんですかね？

能町

森山 私自身はDSDの専門家ではないので希望的観測ではありますが、DSD当事者の人がセクシュアル・マイノリティに敵対的である、とまでは私は思いません。たとえば、トランスジェンダーという言葉は、「性同一性障害」という医学の概念、障害の概念を中心に性別違和を持つ人々の経験を理解しようとする枠組みに抵抗する側面を持っています。同じように、性別に関する身体的な非典型性を、「性分化疾患」という疾病の概念を中心に理解しないよう、疾病に含まれる人も含まれない人も包摂する「DSDs」という呼称も使われるようになっています。複数形のsに、多様性を包摂する含みがある。その意味で、DSDだけが性の多様性に関する同時代の議論と方向を異にしている、というわけではないと思うんです。

能町 議論の方向性が、一緒にするとかしないとかいう話にならなければいいですね。そもそも、フラットに扱われているなら、別に何がどこに含まれるとかいちいち考えなくていいんで。「性分化疾患はLGBTに入るんですか?」っていう質問自体が、ちょっと気持ち悪い気がする。どっちでもよくないですか、っていう気がしちゃって。

森山　そうか、そんなふうに考えていく方向もあるのか。ちょっと雑駁（ざっぱく）な言い方ですが、とてもクィアな考え方だと思います。クィアって、正常と異常みたいなもののあいだの境界線がはっきりしているという前提に抗う、「境界線なんてはっきりしてないよね」っていうものだと思うんです。だから、「ＬＧＢＴに入るんですか？」っていう問いは全然クィアじゃない。「入ったら何なんですか」って問い返すのはクィアな応答だなと思いました。

能町　入って楽しそうなら、入ってくればいいんじゃない？みたいな。

ＬＧＢＴみたいな枠組みを世界中に広めていいのか

能町　私は海外の例をあまり知らないのですが、社会環境とか習慣とか制度上のもので、まったく性についての概念が違う地域ってあるんでしょうか。

森山　たとえば、ヒンズー教の宗教儀礼に携わるインドのヒジュラ[*3]のように、現代社会の男女二元論に回収されない性のあり方が存在し、社会のなかで特定の、たとえば宗教的な存在としての位置を占めるということはありますね。

　かつて北米先住民の文化に存在するベルダーシュ[*4]を指して、北米の同性愛者の社会運動家たちが、「ほら、アメリカには、もともとこういう同性愛者がいるじゃん」と主張し

＊3　南アジアにおける男性でも女性でもない「第三の性」（二〇一四年、インド最高裁が認める）とされる、カースト外の存在。多くは自ら師弟関係に基づくヒジュラの集団に加入し、ヒンズー教やイスラム教の聖者として新生児の祝福儀礼などに携わる。

たことがありました。ただベルダーシュは、というかこの言葉自体がヨーロッパの性の多様性の枠組みを反映した言葉遣いなので最近ではトゥー・スピリットなどと呼びますが、どちらかというと同性愛者というよりトランスジェンダーに近い。同性愛者が自分たちの社会運動のために、同性愛ではない現象を「これは同性愛の祖先だ」みたいな言い方で我が物としてしまったことが、あとでトランスジェンダーから批判されたりもしました。

　どの文化もが男と女の二種類の性別で回っているわけではないので、その文化を現代社会の、それも西洋の考え方に引き付けてよいのかっていうこと自体がここでは問題になっている。この疑問をもう少し押し進めると、そもそも「ＬＧＢＴ」みたいな枠組みを世界中に広めていいのか、という問いも出てきます。

能町　ああ、なるほど。広めること自体が、元の文化に対してちょっと乱暴なふるまいにもなりうるんですね。

森山　それぞれの土地にある性に関する異なった文化を実は否定する、帝国主義的な発想なのではないかという問題は指摘されています。

能町　そういえば、西洋文化が入ってくる前の日本ではどうだったのかも私はあまり知らないですね。よく言われるような、僧侶がお稚児さん（女人禁制の真言宗、天台宗等の大規模寺院において、十二～十八歳くらいの剃髪しない少年修行僧はしばしば男色の対象とされた。女装をする場合もある）を従えていたとか、戦国武将の衆道[*5]とか、そういうことは興味本位で話題になったりしますけど、当時の世間で実際にはどういうイメージだったのか……やっぱり、あとから西洋の考えを当てはめて考えちゃったりしがちですよね。

森山　はい。ここで難しいのは、「西洋の考えを当てはめてはだめだ」と言って済ませてしまうのも危険だ、という点なんです。たとえば同性愛者の生活を守るためには、積極的に西洋の「ＬＧＢＴ」の枠組みを使って啓蒙するほうがよいわけです。そこで「日本独自の文化」みたいなものを西洋と対立させてしまうと、「海外ではＬＧＢＴの権利が大事かもしれないが日本ではそんなものは擁護するに値しない、だってそれが日本の文化だから」ということになってしまう。

能町　たしかに。もっと激しく排除されている文化圏もあるわけだから、そういうところに対してもざっくり「広めちゃだめだ」って言うわけにもいかないですよね。

森山　そうなんです。たとえばイスラム教圏のいくつかの国では、同性愛者を死刑にするような法律があるけれど、[*6]「それはその土地の文化なので仕方ないですね」というわけにはいかない。となると、西洋由来だとわかっていても、その概念をどんなふうに使って、そ

＊4　北アメリカ大陸の先住民社会に広くみられるジェンダー・カテゴリー。男性同士の性交における受動的役割を表すアラビア語から来ていて、服装やふるまいなどにおいて、男性・女性両方の役割を担う人々を意味する。一九九〇年にカナダで開催された第三回先住民のゲイとレズビアン会議では、植民地主義的用語であるベルダーシュの代わりとして「Two-Spirit（トゥー・スピリット）」という用語が作られた。

＊5　武家社会など女人禁制の環境下の、身分差・年齢差による上下関係のもとにある男性同士の性愛関係ならびにその文化。

の国の人々を説得するかみたいなことは必要になってくる。
こういった話を扱う研究領域として、クィア・グローバライゼーション研究というものがあります。現代では性のあり方に関する情報、あるいはもちろんセクシュアル・マイノリティ本人も国境を越えて動いたりします。ただ、その国境の越え方って均等じゃない。情報は来るんだけど人は行き来できないとか、物(ぶつ)は来るけどお金は来ないとか、さまざまな意味で、この行き来が均等には起こらず、その帰結として歪(ひず)みが生まれる。ある国で結婚した同性カップルが別の国では結婚していると認められない、という問題が典型ですね。クィア・グローバライゼーション研究は世界的に重要なひとつのジャンルで、日本でも多くの方がこの分野で研究していらっしゃいます。

「好き」は性別を認識してから芽生えるのか？

――次は、性的指向のことをお聞きしたいです。1章で、クィアのことを知って、自分の性自認と性的指向に不安を覚えたとお話ししましたが（28ページ）、その関連で気になったことなんですけど、「好き」っていう気持ちは、性別を認識してから芽生えるものでしょうか。

森山 面白い質問なので、ぜひ考えてみたいですね。

能町 ええー？　そうですねえ……「好き」……。自分の体験で言ってみると、この「好き」がいわゆる恋愛感情の好きだとすると、たぶん私は、自分にその感情が芽生える前に、恋愛感情の「好き」というものの存在を知識として得てしまっていたんですよ。絵本か漫画かわかりませんけど、そういうものがあるということが先にインプットされちゃっていた。かつ、男は女が好きであって、女は男が好きであるっていう「常識」も、たぶん同時にインプットされてしまった。だからそれに従って、私は小学校のときに女の子のことが好きになったんです。というのは、Kちゃんという女の子と一緒にいるのが楽しかったので、なるほどこれが「好き」なんだな、「好きな人」はKちゃんだ!って自分のなかで明確に記録した、という感じ。

だから、個人的な体験でいうと、すべて知っちゃってから芽生えたというか……そもそも芽生えたのかどうかもわからない。そういうものだからそうなんだろう、って、当てはめていた感じですね。

森山 うん……僕も自分に関しては、はっきりと、いわゆる性の目覚めみたいなものは覚えています。幼稚園のときにお泊まり会があって、たしか二人でひとつの布団に寝たんですよね。もちろん男女一緒の布団にはしないので、男の子と一緒に寝て。その男の子と同じ布団に寝てドキドキしたのを覚えてる。

＊6 「LGBTへの迫害状況　国別レポート」（難民研究フォーラム、二〇二〇年）によれば、イラン・アフガニスタン・パキスタン・アラブ首長国連邦・カタール・サウジアラビア・イエメン・ソマリア・スーダン・ナイジェリア・ブルネイ・モーリタニアでは男性間の性交を主とする同性愛行為は死刑判決の規定がある、もしくは、死刑に処される可能性が法律上残されている。二〇二三年五月、ウガンダで死刑適用も可能となる法案成立。

能町 おお。

森山 その子の名前も覚えてますよ。さすがにここでは言わないですけど。だから、四歳とか五歳のときにはもう、自分は男の子にドキドキするんだ、っていう自覚はあった。

能町 そのとき、男の子は女の子を好きになるものだみたいな、そういうことはすでに知っていたんですか？

森山 知っていました。なので、僕の場合はどうなったかというと、「男の子を好きっていうことは、僕は女の子なのかも」って思っていました。

能町 おおお、へえええ。

森山 で……違った（笑）。私は別に女性じゃない、男性だってのちのち気づくことになったんですけど。ただ、性的指向と性同一性の話はそんなに簡単に分けられない、というリアリティはあると思うんです。「異性愛」「同性愛」という言葉に特徴的なように、「自分がどの性別を好きになるか」と「自分の性別は何か」ってしばしば組み合わさったかたちでパターン化して理解されるじゃないですか。だから、その組み合わさり方が個別の経験においてどう立ち現れるかをつぶさに見ていくことが必要なのだと思います。

能町 へえぇ。これは、こんなふうに個人の体験を集めていかないと、なかなか結論は出るものじゃないでしょうね。一個一個の個人の体験って、聞いてみるとすごく面白いものですけど、私自身が語るとしたら「私はこうなんです」ってことしか言えないんですよね。

森山 そうなんです。性別を認識してから好きってなる人と、自分の性別とか相手の性別を認識する以前に好きってなるんだっていう人と。どちらの場合もありますよね。

「早い段階で決まる」は違う

森山 1章でお話ししてきたように、性的指向って、同性愛者が自分の権利を認めさせるために、「これはもう生まれつき変わらないものなんだ」と強く言いたい意図と連動して使われることの多い概念なんです。だから、すごく早い段階で何かがすでに決まっているみたいな前提がある。でも、そんなことないですよね。

能町 私もトランスに関しては、そういう概念に抵抗があります。トランスジェンダーが世間に広まった頃、たとえばトランスジェンダーの男性だと、子供の頃から男っぽかった、スカートを穿きたくなかった、みたいなことが典型的エピソードとして語られるんですけど、そうするとこれこそが正しいトランスだってことになってしまう。「これが生物学的に、科学的に正しい」みたいな語られ方になるのは危ないなって思うんです。

森山 出生時に割り当てられた性別で五十年生きてきて、そのあとにトランジション（自認するジェンダーで社会生活しやすいように、外見や身体を変えること）した人っていうのは、それまでの五十年間、自分に嘘をついていたり、自分を騙して生きていたわけじゃ必ずしもない。

能町 そうですね。私が最初に文章を書き始めた頃は、そこをすごく意識していました。子供の頃からずっとつらくて、体に違和感があって、みたいな条件が世間では常識のようにいわれていたので。

私は高校生くらいまでは、まあまあ男子として順応して生きてきたんですよ。中学校の校則で坊主頭にしなきゃいけなかったのがものすごく嫌だったりとか、男友達の恋愛話や下ネタがどうもピンと来なかったりとか、その程度の細かな違和感はあったんですけど、生活に支障を来すほどじゃなく男性としてやってこれた。二十歳を越えてから、女の子と付き合ってみたけどセックスする段になって拒否感から吐き気を催したり、少し太いヒゲが生え始めてそれがすごく嫌だったり、そのへんでやっと、あれ?っていう感じになっていったので、こういう例もあるっていうことを言いたくて、そこを重点的に書いていた記憶があります。

森山 たしかに、何に、いつ違和を感じるかは人それぞれですよね。もちろん、全般的な傾向を捕まえるのが学問の大事な作業でもあるので、「性的指向はだいたい思春期ぐらいに気づく人が多いです。それに対して、性同一性はもう少し早い段階で気づく人が多いです」と私自身授業で説明したりもするんですけど、僕の場合にはまったく当てはまらない。「思春期になって性的指向に気づく」とか言われたら、いやいや、もっと早くに気づいたから小学一、二年生の頃は地獄だったんだけど、って私自身思ってしまうと思う。そもそも性的欲望が何かを誰にも教えてもらえていない段階で、「自分はどうも他の人とは全然違うらしい」という感覚をひとりで抱えて悩まなければいけないわけですから。

能町 傾向というのはあくまでも「全般的にはこうです」というだけの話なので、それが必須条件であるかのように広まるのは怖いですね。

森山 性的指向や性同一性が、その人にとってかたちを成す時期や、そのかたちの変化の多様性まで目を向けてもらいたい。この人はこのカテゴリーに入ります、一度入ったら一生その中です、みたいな硬直的な考え方は、すごく嫌ですね。

一貫していないと「偽物」なんじゃないか

能町 ただ、実は、振り返ると私自身、「一貫性がなきゃいけない」って思っていた時期があるんですよね。一貫性がないと説得力がない、って。ある時は男が好きで、ある時は女が好き、みたいなことを言っていると、なんか「本当じゃない」みたいな……。

森山 うんうん。

能町 正直言えば、たぶん今もちょっとあります。私は今、恋愛対象は男の人だと思っているんですけど、小学生の頃はたしかに女の子のことを好きになったんですね。ただ、思い出してみると、子供の頃から「本当は男の子が好きだったのかもしれない」って思えるようなエピソードはたくさんある。つまり、当時女の子を好きになったのは、「男は女を好きになるものである」という固定観念に自分を当てはめていたのだろう――って、今は考えてるんです。けれど、これも恣意的な解釈だと思うんですよ。自分で「ずっと男の子が好きだったはずだ」と思いたいからそう解釈している、と捉えることもできる。

森山 「昔からずっと同じじゃないといけないんですか」って、まさしくクィア・スタディーズが批判的に捉えてきた重要なポイントのひとつです。ずっと一貫していたって言わないと偽物なんじゃないかっていう不安は、押し付けられた不安なんじゃないかと考えるというか。今でもたとえばバイセクシュアルの人は、一貫性神話みたいなものによって差別されています。「ある時は男を好きになり、ある時は女を好きになるなんて一貫していない、移り気だ、誠実じゃない」みたいな。誠実じゃないバイセクシュアルの人もいるとは思いますが、バイセクシュアルという性のあり方が必然的に不誠実なわけじゃない。
いろんな性のあり方を見ていくことによって、「アイデンティティは昔から変わらないものです」っていう言い方がいかに特定の人々を傷つけるかに、クィア・スタディーズは反省的であろうとしていると思います。

能町 いわゆるマジョリティから排除されたＬＧＢＴが弾かれた先でも一貫性を求められるとなると、本当に行き場がなくなる。正しさをずっと求められ続けるなんて救いがない。
　そもそも、性的指向ばかりが一貫性を求められがちですよね。それ以外の人間のいろんな部分って、まったく一貫性がないのに。昔は野球観戦が趣味だったけど、今はサッカーばかり観てます、と言ったって「人として信頼性がおけない」とはならない（笑）。

森山 性に関すること以外ではみんなころころと変節しながら生きているよねっていうのもありますし、逆に誰かの一貫した特徴が、その人のアイデンティティの重要な一要素と認識されていないこともいくらでもある。たとえば、気がついたら週三でラーメンを食べている人なんていっぱいいると思うんですけど、「ラーメン食いとしてのアイデンティティ」とかはほとんどの人の場合とくにないですよね。

能町 そうですね（笑）。百回連続でラーメン食べて、次の日からもう止めたって言っても、誰も「ラーメン食いのくせにそれはありえない！」って言わない（笑）。

森山 何らかの好みの傾向がすごく強い人であったとしても、それをアイデンティティとして表明しろ、みたいに言われることってほとんどないはずなんです。

それなのに、「百人連続で男を好きになっちゃったんです」っていう男性には男性同性愛者であるっていうラベルをぺたりと貼っておいて、その人がいつでもそのラベルを取り出せるようにしておかなければいけないっていうこと自体、とても変な話だよねって言いたい。その男性が次に女性のことを好きになったら、「裏切り者」、「お前はゲイであることを捨てたのか」とか、あるいは「自分を偽っている」って言われちゃったりする。

——裏切り者、それはゲイ同士で言ったりする、ということですか。

森山 自分たちが迫害されてきたことを互いに認め合って、場合によっては慰め合ってやってきたのに、その迫害する側の生き方と同じ生き方になることに対する周囲の戸惑いみたいなものはあると思います。単純に「快く送り出してやれ」みたいな話にはならない。

性に関する事柄とか、人種に関する事柄って、「いつも取り出せて、いつもみんながそうだって言わなければいけないラベル」とされがちですよね。

能町　そうですね。名札にしとかなきゃいけないみたいな。

森山　そこにはやっぱり一貫性規範みたいなものがあって、クィア・スタディーズは時にそれを批判しています。

一方で、この「一貫性規範ってよくないよね」っていうのを、まったく違うコンテクストで言われるとむかついたりもするんです。たとえば、「同性愛者です」って僕が言ったときに、異性愛男性の知人が、すごく気軽に「俺も将来、男を好きになるかもしれないしね」とか言うんですよ。

能町　ああ、たしかに……。

森山　いやいや、「こいつ絶対そう思ってないだろう」みたいな。たぶん、その人は本当に自分が変わるとは思っていない。

一貫性規範への批判も、やり方を間違えると暴力になると思うんです。たとえば、トランス男性として生活している人に対して、「まあでも、将来、女性って思うかもしれないしね」って言い続けるのって、今のその人の生き方を否定していることになる。「そうなるかもしれないけれど、それを今、トランス男性に言うか」っていう話じゃないですか。そういう人って、一貫性規範よりも「普通」への信仰が強いのかなあ。「普通じゃない人」に対して、「一時的な異常に過ぎない」と思いこんでしまっている。

能町 ゲイとかレズビアンとかトランスジェンダーっていうのは、暫定的な名乗りではある。

森山 つまり、どうなるかわからないから、暫定的に名乗っているんだけど、しかしこの暫定的に名乗ることを止めてしまうと、たやすく「普通であれ」っていう方向に向かって回収されてしまうので、この暫定的な名乗りにはやっぱり意味があるんです。堀江有里さんという研究者の方は、レズビアンに関して暫定的な名乗りの意義を主張なさっていますね。[*7] つまり、女でありかつ同性愛者である、という立ち位置を女性差別と異性愛主義に共に対抗するための足掛かりとするためには、まずはその立ち位置が不可視化されないように明示することに意味がある、とおっしゃっていたはずです。

性自認とジェンダー

――次にお聞きしたいのが、性自認とジェンダーについてです。全部、すり合わせながらできていくとは思うんですけど、性同一性の感覚と、男らしさ、女らしさの社会規範みたいなものは、

＊7　堀江有里『レズビアン・アイデンティティーズ』洛北出版、二〇一五年。

どちらが先にその人のなかで生まれるんでしょう？

能町 とりあえず自分の経験談を言うと、私は子供の頃、親から、女の子っぽい男の子だとは言われていたんです。典型的なジェンダー観になりますけど、いわゆる男の子らしい、戦隊ものが好きだとか喧嘩したり外で遊んだりということとは対照的で、お家のなかで漫画を描いたりぬいぐるみで遊んだりが好きだったので。

外からジェンダー観の影響を受けずにいたときは、そういう、いわゆる「女の子っぽい男の子」のままでいたんですけど、小学一年生くらいで気づくんですよ。自分がなんか変、というか、「男の子的でない」っていうことに。で、これはまずい、と考えたんですよ。端的に言えばいじめられる危険性があると思ったんですね。

森山 うーん。

能町 体も小さくて弱かったので、実際、幼稚園でいじめられてましたし、ちょっと男らしくならないとこれは危険だと思ってだんだん社会的なジェンダーに合わせていったんです。合わせていきつつ、ここだけはしっくりこない、というところもあって悩んだりしながら。たとえば、なぜか自称の「オレ」だけは言えなかったんです。「ボク」まではいけても、「オレ」を言おうとすると顔がカーッとなってしまって、無理。

なので、私の例だと、初期段階では「女の子っぽかった」。ただ、これも、何も影響を受けていない状態かどうかも微妙なわけで。姉がいるからその影響だったんじゃないか、と言われればそうかもしれないし、わからないです。

森山 この論点って、トランスジェンダーをめぐる議論において繊細さを要するものなので、その点について少しお話しさせてください。

たとえばトランス女性の人が、「自分が女性だと思うからスカートを穿きたいと思ったのか」、「スカートを穿きたいと思ったから、自分のことを女性だと認識したのか」みたいな問いは、すごく簡略化すれば立てられると思います。ただ、後者の回答って気をつけないと、「別に男の人でもスカートを穿いてよい」のだから「トランジションしなくていいじゃん」っていう話にもなってしまえるんです。

つまり、「世のなかの男らしさ、女らしさのコードがあって、そのコードがあることが問題なんだ。それがなくなっていけば、トランスジェンダーの人は、出生時に割り当てられた性別で生きるのがどんどん楽になっていくはずだから、トランスしなくて済むはずだ」ってことになってしまう。

でも、そういうことじゃないっていうリアリティがあるんです。「男と女ってこうするものっていうジェンダー規範があるから、その人のやりたいとおりにするためには性別を変更しなきゃいけない」みたいな物語を勝手に読み込んじゃうと、ジェンダー規範がなくなればトランスの人はトランスしなくて済むからいいですね、というかたちでトランジションの権利は保障されなくなってしまいかねない。

だから、あまりなんでもかんでもジェンダー規範のせいですよって言わないほうがいいんじゃないのかなって思うんです。鶏が先か卵が先かっていう構図に性自認とジェンダーを乗せてはいけない側面がある。

さっきの能町さんの体験にも重なると思うんですけど、ジェンダー規範の押し付けがなければトランジションしなくて済んだ、とか言われたら、決めつけないでって思うわけじゃないですか。

能町 そうですね。そんな、簡単には考えられないです。「男だとしても、女らしい生き方をしていいと思うよ」みたいな文脈で語られると、そういうことじゃない、って、すごく抵抗がある。

ただ、そこで自分の話になると……「じゃあなんでトランジションしなきゃいけないの？」っていう質問に、私は答えられなくなっちゃうんですよ。そこはもう、自分のなかでもまったくわからない、触れるのが恐ろしいゾーンになる。

森山 もちろん、世のなかの男らしさ、女らしさに対する規範がどんどん解除されていくと、トランスの人たちが、自分の望む性別で生きるために、これもしなきゃいけないって思っていたことをしなくて済むようになることはあると思います。自分は女性として生きたいんだけれども、「女性として生きるっていうことはスカートとか穿きたいって思うことでしょう？」ってさんざん言われるから、「トランジションするためにはスカート穿かなきゃいけないのかな?」と思っていた人が、「スカートを穿かない女性にトランジションして生きていってもいいんだ」って思う。そういう意義はあるので、男らしさ、女らしさを解除していくこと自体は、もちろん大事なことなんですけど、解除するとトランジションする必要性までなくなるとか、トランジションしたいと思う欲望とかトランジションしないと苦しいっていう気持ちがなくなる、とまで言うことは問題だと思います。

能町 そうですね。ジェンダー規範がなくなるという仮定って、そもそもあまりにも現実離れしていますし。

私は1章でお話ししたように、「トランスジェンダーというものは女性ジェンダーにどんどん寄り添って、外見もふるまいも徹底的に女らしくしていくものだ」という一部の傾向にもかなり抵抗があったので、それに反するようなことをやっていた部分がありました。「女らしく女らしく磨き上げた女」ではなく、どんなかっこうだろうとふるまいだろうと、ただそこにいるだけでまぎれもなく女である、という状態でありたかったんですよね。でもそうなると、「女」の概念がよくわからなくなってくるんですけど。

地域格差とインターネット

――おふたりの子供の頃のお話を少しお聞きしましたが、大人になっていく時期の環境はいかがでしたか。

森山　環境という面では地域性についてお話ししてみたいですね。私は川崎市生まれの川崎育ちで、二十四歳のときに同じく市内で一人暮らしを始めたので、これぞ都会、というほどの開放性はないけれど、匿名性は守られた状態でなんとなく、というかなし崩し的に自由を獲得していった、という印象があります。もちろん、自分の性のあり方を謳歌する、という意味でも。

能町さんは東京の大学に通われていたということですが、それ以前は茨城にお住まいでしたよね。東京と茨城で、自身の性のあり方や、それに対する周囲の視線などに、何か違いを感じたことはありましたか？

能町　茨城と言っても新興住宅地なので地縁も薄かったし、高校の頃は女友達が多かったこともあって、「女っぽい男の子」であることにほとんど引け目を感じなかったんです。本格的にトランジションもしていませんでしたし。なので、個人的には東京での反応とさほどの変化がないんですが、これがたとえば地縁がものすごく強い地域だったらこうはいかないだろうなと思います。

森山　地方／都市問題って、セクシュアル・マイノリティにとって大事ですよね。ジョン・デミリオという研究者が指摘していますが[*8]、産業構造の転換が職住分離を生んで、若者が都市に流れ込んだから、彼らのゲイ・アイデンティティが生まれた、という側面はたしかにあります。雑駁に言い換えてしまいますが、「都市の匿名性に守られながら労働して、夜はバーに飲みに行けるほうが、そりゃゲイとしては生きやすいよね」とはたしかに思うんです。二〇二三年現在でも、やっぱり都市と地方の差はある。だからこそ、金曜日の夜に新幹線に乗って新宿二丁目にやってくるっていうようなゲイ、今でもいますしね。「地方はセクシュアル・マイノリティにとって生きにくい場所」と決めつけるのも問題ですが、たとえば親族との同居や、それに伴う結婚・出産へのプレッシャーなどの生きづらさに関しては、やはり都市部のほうが少ない、とは言えると思います。

能町 地方在住で生きづらそうなマイノリティの知人はまわりにもいますね。そう考えると、インターネットは相当救いにはなりましたよね。私も最初にセクシュアル・マイノリティについての知識を得たのはネットからなので。もちろん情報は玉石混淆（ぎょくせきこんこう）なんですけど。

一九九七〜八年頃だと思いますが、私は自分が何なのか知りたくて、かといって友達に相談することもできず、とりあえずインターネットというものが大学でできるようになったから、ネットでそういうことを調べまくっていたんですね。当時はまだツイッターどころか2ちゃんねるすらない時代で、牧歌的なBBS（電子掲示板）があるくらい。私はBBSのコミュニティに入って、話ができそうな人に連絡を取って、ネットを始めて初期の段階ですでに気になる人に会いに行ってたんです。気になるというのはもちろん

＊8 ジョン・デミリオ、風間孝訳「資本主義とゲイ・アイデンティティ」『現代思想』二十五巻六号（総特集レズビアン／ゲイ・スタディーズ）、青土社、一九九七年。

恋愛的な意味ではなくて、生き方が気になる、ってことなんですけど。最初に会ったのは、ふだん女装で暮らしていて、オムツをするのが好きだ、という人でしたねえ。お茶しながら話してみて、それで自分の何かがわかったというわけじゃなかったですが、結果として固定観念を崩す作業にはなったと思います。

1章で、大学の授業でフィールドワーク的なことをするんですか?って質問したのは(30ページ)、私が大学時代ひとりで自主的にやっていたのが言わばフィールドワークだったので、そういうことって授業でもありうるのかな、と思ったんですよね。私はインターネットの掲示板で出会った、ちょっと性的に珍しい傾向の人、いろんなことを実行に移している人に、会えるなら片っ端から会うということを続けたんです。二〇〇三~四年頃まではやっていたと思います。

その頃、私は東京にいましたけど、ゲイではないと思っていたのでゲイバーに行こうとも思わないし、何をしたらいいかわからない。そんな状況をインターネットのBBSが切りひらいてくれました。仮に田舎にいたって、そこだけは自由ですし。

森山 インターネットは、やっぱりすごく大きかったですよね。大学生の頃はまだ個人サイト全盛期なので、僕もhtmlをいじって自分の音楽の趣味丸出しの個人サイトを作っていました。mixiというSNSにもどっぷりはまって、授業中以外はずっとログインしている感じでしたね。もちろんそこで知り合ったゲイの友人もたくさんいます。

能町　今、インターネットは怖い、危ないということばかり言われがちですけど、中高生で親や友達に言えない人にとっては救いになっていると思うんですよね。大人にとっても、出会いのためのアプリがありますし。

森山　そうですね。若者にインターネット上で先に活動していた世代の流儀に従うことを要求してしまう、というデメリットもありますし、自分の性のあり方がどうなのか、性急に結論を出すことを若者に要求してはいないか、という危惧もあります。しかし同時に、「あなたのその生き方で、その性のあり方でよいのだ」と若者に伝える、というポジティブな面はたしかにあると思います。とりわけ、親や教師が味方になってくれない場合も多いセクシュアル・マイノリティの若者にとっては、このメリットは大きいと思うんです。現在では、インターネットで募集をかけて若いゲイ同士で友達になってもらうためのイベントなどを信頼できる運動団体が主催したりしていて、これはまさにインターネットの良いところを最大限に活かす取り組みのひとつだと思います。
　僕もいまだに自分の親にはカミングアウトしていないくらいなので、インターネットには助けられました。

能町　あ、そうなんですか？

森山　結局、カミングアウトしないまま父を看取(みと)りましたね……。母には今も直接は言っていないのですが、「本も書いているし、新聞や雑誌の取材も受けたりしているので、実はもう知っているのかな？」とは思ったりもしています（笑）。

恋愛至上主義規範

――続いて、恋愛のこと、恋愛至上主義規範みたいなものを、おふたりはどう見ているのか教えてほしいです。おふたりは、そもそも恋愛をどう捉えているのかとか。

森山 ……恋愛の話って言われちゃうと、全然得意じゃないから身構えちゃうんですけど。

――恋愛の話が苦手っていうのはどういう？

森山 経験がそんなにないです。

能町 ああ……（笑）。

森山 そんなに深い意味では言ってないですよ（笑）。

能町 私もまったく得意ではないですけど（笑）。というか、世間一般で知られる恋愛像と自分の考えにかなり齟齬（そご）があるので、なかなか一般論が語れないです。

私はどうしても、自分が生きてきた時代を考えると、ずっと「恋愛こそ人間が持つ最高の感情だ」みたいな洗脳を受けてきた気がするんです。恋愛して、結婚して、子供産んで、というのが一直線に並んでいて、みんな当然この道を進みますよ、みたいな。親や先生がそういうふうにこんこんと諭してくるわけじゃなかったとしても、音楽でも、漫画でも、ドラマでも恋愛が描かれているから、単純に日本でエンターテインメントを摂取して生きているだけでそういう思い込みになっていく気がします。

でも、明治時代、江戸時代と時代を遡るだけで全然違うはずですよね。そもそも、恋愛から発展して結婚できるようになったということ自体、当初は斬新だっただろうし。

森山 はい、そうですね。そもそも「恋愛」という言葉が love や amour の訳語として使われるようになったのは、どんなに遡っても一八七〇年代なので、「恋愛」自体、かなり新しい感覚、現象なんですよね。

能町 そうですよね。それを踏まえたうえで、恋愛結婚をみんなが楽しめることこそが自由だ、先進的だ、ということになって。でも、それからしばらく経って、今は恋愛結婚がすごく規範的になってきている気がします。恋愛して結婚することが王道で、最も価値の高いものである、という規範は現在でもとくに崩れていないと思う。

森山 まさしく恋愛に関する歴史学とか歴史社会学でいわれる基本的なテーゼは、もともと、西洋社会において真の恋愛なるものは結婚の外にあって、結婚している人のあいだにあるのは恋愛ではない。だから、それこそ「不倫は文化である」みたいなものは、その時代においてはたしかにその通りだった。なぜなら結婚している人たちのあいだには愛はない、あるいはあったとしても別の愛だと言われていたからです。

歴史のスパンを長く取れば、今みたいな、恋愛して結婚して子供産んで、みたいなものがスタンダードじゃないというのは、まったくその通りだと思います。

能町　最近は、恋愛感情みたいなものを他者に抱かない「アロマンティック」、他者に性的な欲求を抱かない「アセクシュアル」、複数人同士で恋愛関係を結ぶ「ポリアモリー」、いろいろなトピックがときどき世間で話題になったりはしますけど、それが一般的に定着しているとはまだ言えないですよね。

――さまざまなあり方の名前を耳にするようになりました。おふたりのお話に出たように、ある特定のあり方を「自分はこれなんだ」って思い込んで、違う可能性もあるのに、その枠の中にはまりにいってしまう、ということもありそうです。一方、先日ラジオである女性の方が、自分がパンセクシュアル（相手の性のあり方にかかわらず恋愛対象となる）だとようやくわかって、精神的に晴れ晴れして落ち着いたと話しているのを聞きました。カテゴライズされたくないという方もいれば、自分のあり方が定まることに安心する方もいらっしゃるのですね。

森山　人のあり方にラベルみたいな意味で名前をつけるとき、常に起こるテーマですよね。ただ、やっぱり、おっしゃったように「アロマンティック」とか「ポリアモリー」、あとは、他者に抱く好意が恋愛か友情かわからなかったり、なんなのか決めなくていいかな、と考えていたりする人たちを指す「クワロマンティック」といった単語は、そういう生き方をしている人にとってはものすごく助かる旗印ですよね。旗が一本立っていると、みんなそこに集まれるという意味で、救いになっているというか、その人たちが生きるのを楽にするところはあります。

能町　そうですね。私が「性同一性障害」という概念の普及によって助かったように、ぴったり当てはまると思えたわけじゃなくても、生きるうえでのひとつの指針になりますね。

恋愛感情は、ある人がない人を想像するのが難しい

――素朴な疑問なんですけど、アロマンティックの人って、ないものの認識ってどう感じるんですか？　恋愛感情を知らないと、ないってわからないと思ったんですけど……。

森山　それを言うと、生まれつき目が見えない人は目が見えたことがないから目が見えないとは自分ではわからないっていうことになりますけど、そんなことはないでしょう。「あの人たちがしている経験が私にはない」っていうのはわかるんじゃないんですかね。

能町　「アロマンティックである」っていう自覚があってずっと生きてきているわけじゃないと思うんですよ。少しずつアイデンティティが形作られてくるはず。どうやらまわりはみんな恋愛というものをしているらしい。でも自分にはそれが全然ピンとこない、と違和感を覚えながら生きてきて、アロマンティック、アセクシュアルっていう言葉を知って、どうやらこれなのかな？って辿り着く感じじゃないですかね。

森山　「まわりのみんなが経験していることになっている」ことにアロマンティック・アセクシュアルの人が気づかされることは多いと思うんですよね。逆のほうがむしろ難しいんじゃないかな。性的な欲望とか恋愛感情に関しては、ある人がない人のことを想像するのが

大変な気がします。

目が見えない人の経験を少しでも想像できるようになるために、ダイアログ・イン・ザ・ダーク（暗闇のなかで、視覚障害者の案内の下、視覚以外の感覚を研ぎ澄ませ、さまざまな体験と対話をするワークショップ）に行ってみましょうっていうのはできるけど、恋愛感情を持たない自分を経験してみましょうっていうのは難しい。持つ人は持ってしまうのが恋愛感情ですからね。

アロマンティックを説明する場合は、異性愛者とか同性愛者の人には自分の恋愛感情が向かない性別ってあるけれど、その性別の人に対する感情をすべての性別の人に対して持つとか、そういう関係性の持ち方をする人たちですよ、正確にはそういう人もいるよ、とは説明します。

――そう教えていただくと、なんとなくイメージできます。

ポリアモリー――好きになる気持ちが複数、均等に

――ポリアモリーの人たちも、最近話題に上ることが多いですが、これもみんなよくわかっていないけど……というものですよね。

能町 私もポリアモリーが感覚的に理解できないんですけど、それってたぶん、アロマンティックの人が普通に恋愛する人の感覚をわからないのと似たようなもんだと思うんです。

私はあまり強く恋愛感情を抱かないので、もともとちょっとアロマンティック寄りなんですよ。対象がひとりだけでもよくわからないから、ふたり以上の他者に対して恋愛感情を持つというのはなおさらわからない。だから逆に興味はあります。

森山 最近、ポリアモリーに関する本も刊行されていますよね。研究者の手によるものとしては深海菊絵さんの『ポリアモリー　複数の愛を生きる』（平凡社新書、二〇一五年）がありますね。

授業などでポリアモリーを説明する場合は、モノアモリー（性愛関係を結ぶ相手をひとりに限定するスタイル）を実践する人が誰かのことを好きになる気持ち、そのときに紡ぎたいと思う関係を、複数の人と紡ごうとしている人がいるんですよって想像してもらうように説明します。けれど、私もポリアモリストではないので、なかなか難しいなぁと思います。ポリアモリーって、その気持ちや関係性がどれも均等にあるんですよね。その均等さを実感してもらうのが難しい。

ポリアモリーについての本を読むと必ず出てくるテーマは嫉妬ですね。モノアモリーを生きている人にとっては、自分の好きな人が自分と同じような関係を誰かと築いていたら、嫉妬するはずだと言われることが多いはずなので、そういう話ではない、と説明する必要があるんだと思います。

能町 面白い……といったら語弊がありますけど、へええ、そうなんですね。

森山 最近だと、パートナーはいるんだけどもうセックスはしていないのでそれは別の人とする、といった人がそのスタイルを「オープン・リレーションシップ」と呼ぶ場合もありますね。それがポリアモリーと同じかと言われると、違うとは思いますけど。

能町 ちょっと違いますよね。

森山 性愛の関係が複数の人と行われる。それは対等で同じようなものの場合もあり、相手ごとに異質なものに分解している人もいると思います。いろいろなパターンがあるな、っていう素朴な感想になりますけど。

「恋愛と友情」とか、みんな飽きずに議論し続けている

——それこそ素朴な話になるかもしれませんが、お聞きしたいです。恋愛は友情とは違うものとされていて、なぜか友情より特別なものみたいになっていると思うんですけど……。

能町 うーん、中学生みたいな話題ですけど、実は私にとってそれはものすごく重大なテーマで。友情と恋愛はどう違うのか、私はいまだにまったくわかってないんですよ。

たぶん世間的には、友情っていう目盛りと、恋愛っていう目盛りを、人は別個に持ってることになってるはず。「友情値」が上がっていって、このラインを超えると恋愛になる……ということではないですよね。恋愛は恋愛で、まったく別の基準がある、らしい。

でも、私のなかには、友情も恋愛も含めて、ひとつの「好き」の目盛りしかない気が

するんです。だから、その目盛りがぐーっと上がっていって「この人、けっこう好きだなあ」って思うことはありますけど、それが恋愛なのかどうかというと、うーん……。「友人としてとても好き」と、「恋人としてとても好き」の差がよくわからない。そこがずっと、世間に納得いかないところです。

森山 ははは、世間に納得いかない（笑）。

能町 性欲が伴ったら恋愛、というわけでもないですよね。自分自身、性欲はある。さっきのたとえで言えば、性欲の目盛りもあると思う。でも、それと、友情のような恋愛のような私の「好き」の目盛りとはほとんど相関関係がない気がする。性欲の目盛りが上がったことによってもうひとつの目盛りも上がる、ということが、どうもなさそうなんです。

なので、なんか……みんなこれってどう？って問いかけたい（笑）。自分のあり方に、あまり名前がついていなくて、ずっとそこはふわふわしています。アロマンティックなのかと言われたらそんな気もするし。

森山 一般的には友情と恋愛の二本柱みたいなものがあるんですかね。友情がいくら上がったからって恋愛にはならないわけですよね。

――「友達止まり」とかそういう言葉がありますよね。

能町 ああ、言いますよね。

森山 でも、ドリカムの曲で、恋人と別れるっていうことは自分にとって一番の友達を失うってことだっていう歌があって（「なんて恋したんだろ」）。なるほど、と思ったことがあるんですよね。最高の恋人というのは親友であるみたいな規範もある気がするし、そういうリアリティを持っている人もいるんじゃないかな。……なんて他人事のように言ってますけど、僕も自分に関してはそうで、自分のパートナーは最高の親友だっていう気持ちもある。恋愛対象でももちろんあるんですけど。

能町 あ、そうなんですか。そういう人がいるのはちょっと心強いかも（笑）。

だいたい、みんな、恋愛として人を好きになって、その先に何がしたいんですかね。デートだけじゃなくて、セックスしたいとか、あの人の子供を産みたいとか、言う人もいるわけじゃないですか。でも私は、すごく好きな人とは「たくさん会って仲良く話したい」くらいが最高到達点なんですよ。だから、友達で別にいいってことになりますよね。

セックスについてはまったく別でいいんです。同性（女性）とセックスをしたいとは思わないけど、男性であれば、その好きな人としても楽しいと思うし、次の日にまるで別の人としてもいい。セックスとしての楽しみがあればそれでいい。私の好きな人がまったく別の人とセックスしててもあまり気にならない。私より仲良くしていたら嫉妬するかもしれないけど。

森山 博士論文で日本のゲイについて研究したときに、少し据わりは悪いんですが「特権的な他者とのつながり」という言葉を使ったんです。[*9]「恋人」「パートナー」「その場限りのセックスの相手」「セックスフレンド」とかって、違いはあるんだけれどはっきりは分けられないはずだから、ひとまとまりにして考えてみようと思って。ただこの概念も、今振り返ってみれば「性とか愛とか恋とか」についての特別な関係しか扱っていない。「すごく大事な友人」の話は入ってこないんです。このあたり、執筆当時にはアロマンティックとかアセクシュアルとかクワロマンティックといった言葉を知らず、「とりあえずゲイなら性か愛か恋はあるよね」と思っていた私の限界だと思います。恋愛感情と性欲は連動しないとか、友情と恋愛感情は当然違うものなんて言えないとか、そういう現在の感覚を持ってみると、また違う研究ができたのかなあ、なんて思います。

能町　そうか、まだ研究が進んでいない分野なのかもしれないですね。私には、自分がずっとピンときていない恋愛というものを世間がずっともてはやしていることにどうも腹立たさがあるし、そんなに楽しいんなら私もその感覚を知りたかったよ、という悔しさみたいなものもあります。恋愛がピンとこないってことは、恋愛がテーマとなるエンタメ作品も全部ピンとこないってことなんですよ。たとえば、恋が叶わなくて寝込むほどに悩み苦しんだ、とか、好きな人を取られて燃えるような嫉妬心が湧いた、みたいな描写があると、私は白けちゃうんですよね（笑）。なんだそりゃ、って。

＊9　森山至貴『「ゲイコミュニティ」の社会学』勁草書房、二〇一二年。

ああ、恋愛について語るとなると、どうしても「自分の違和感」ばかり語っちゃいますね。一般論が語りづらい。

森山　今のお話を伺うと、私の博士論文に関しては、私自身が性にも愛にも恋にも「ピンときちゃう」側の人間だったからああなったのかなあ、などと思ってしまいます。私は逆に「一般論が語れすぎ」ですね。

――後半（4章）でまた詳しくお聞きしたいですが、能町さんは恋愛の延長上にはない「結婚」をされていて、パートナーの方とお互いに恋愛は自由に、と決めているのでしたっけ。

能町　そうですね。結婚と称して、まったく恋愛対象とは呼べないサムソン高橋さんと同居していて、お互いに「不倫ＯＫ」「結婚の外で恋愛するようにしよう」ということにしてます。でも、言ってるだけで、私はまるでなんにもないです（笑）。

「ひとりのやつはヤバいやつ」規範

能町　恋愛と話がずれますが、欧米を旅行したとき、パートナーシップが日本よりも強めできついな、って思いました。男が女と、女が男といなくてもいいんだけど、とにかくパートナーはいなきゃいけないっていう規範が日本より強い気がします。

その面では、私は日本のほうが過ごしやすい。日本って、人が単独でいることにあまり風当たりが強くないと思うんです。友達と一緒にデンマークに旅行したとき、途中から単独行動になったんですね。そしたら、本当に入るお店がない。どこのカフェもレストランも、ひとりでいる人が全然いない。ひとりで入れるお店はファストフードしかないんですよね。すごくいづらかった記憶があって。

森山 そうですね。もしかしたら日本でも、それは都市部に固有なのかもしれない。都市だからひとりでいられるけれど、都市部じゃないとひとりは厳しいみたいなところは、もしかしたらあるのかな。

一方、都市部であっても、恋愛でも友達でもなんでもいいんだけど、ひとりでいるやつは何かが足りないやつみたいな規範はある気がしています。恋愛に関する、あるいは異性愛に関する規範と重なりつつ、別のところにある規範として、「ひとりのやつはヤバいやつ」規範みたいなのがある。

たとえば、ホテルのアフタヌーンティーって、ふたり以上から利用可のところが多くて、ひとりでは入れなかったんです。新型コロナウイルスの感染が広がったことで、売上を確保するために「おひとり様でもどうぞ」という店舗が増えましたけど。「ひとりで紅茶を飲むのがそんなに駄目なこと？」とか思うんですよ。

能町 森山さん、アフタヌーンティーがお好きなんですね（笑）。

森山 ひとりで目の前にティースタンドを立てて、自分のペースで楽しみたいんだよって思うんですけど、「いやいやふたり以上でしょ」みたいなスタンダードが急に牙を剥いてくるときがある。

能町 家族連れについてもありますよね。家族規範というか、家族が仲良くいないと一人前じゃない、みたいな。

森山 ジェーン・スーさんがおっしゃっていましたが、中年のカップルがふたりで動物園に行くといたたまれないから、よその子供をバイトで雇って連れて行きたいって。私たちの社会のなかにあるさまざまな場に、どういう人間関係の人ならそこにいていいかっていう規範が実はたくさんある。

能町 あ、それで思い出したんですけど、以前、観覧車マニアの方に会ったことがあるんです。NHKのラジオ番組で、いろんな趣味の方が来る企画をやっていたときにいらっしゃった六十歳くらいの日本人の女の方。アメリカに留学していたときに観覧車研究家の方と出会って、趣味レベルを超えて世界の観覧車を研究するようになったらしくて。

私、思わず「ひとりで行かれるんですか?」って聞いちゃいました。そしたら、当たり前でしょうみたいな顔で、ひとりで行きますっておっしゃったから感動してしまって。観覧車なんて、カップル以外を拒絶してるかのように感じるじゃないですか。ひとりで観覧車巡りをしている六十歳ぐらいの女の人がいるってことにすごく勇気づけられたんですよね。かっこいいな、そういう概念のぶち壊し方をしたいな、と思っちゃって(笑)。

森山 それこそクィアな反乱ですよね。「そこにいるべきでないとされる人がそこにいる」っていうのを見せるって、すごく重要なポイントだと思う。セクシュアル・マイノリティの社会運動って、そこにいないと思われている人が「そこにいる」って見せてやる、いわゆる「可視化の戦略」が重要な側面を担ってきたところがあります。

たとえば、エイズにかかって多くの人が亡くなっていくことを示すために、ACT UPというアメリカの社会運動団体は、道路に寝転がる「ダイ・イン（die-in）」というパフォーマンスをやったりしていました。ゲイであること、エイズ患者であることは社会のなかで強い偏見にさらされてしまうので、周囲の目からそういった人々は隠れてしまうことになる。でもいないことにされたままではその問題は解決しない。だから、死者を模すパフォーマンスが必要になるんです。「いないとあなたは思っているかもしれないけど、ここにいるから」と。観覧車はカップルだけとか、アフタヌーンティーはふたり以上で、といった規範に対して、いや、そうじゃない人もいるからと示してみせるのは重要だと思います。

――「クィアな反乱」って、いろんな場所で個別に起こすことができるのですね。2章では、編集部の素朴な問いをめぐってお話しくださいましたが、あらためて考えてみると、そもそも枠組みからして「本当はどうなの？」っていう部分がたくさん出てきました。

森山 この章では、「LGBT」といったわかりやすいキーワードからこぼれる経験を、お互いの個人的なものも含め語り合ってきたように思います。また、そうやって議論を拡大していくことで、「ＬＧＢＴ差別」にとどまらないさまざまな規範とそれに対するクィアな抵抗についてもお話ししましたね。

能町　個人的な話にもかなり踏み込んだので、だいぶエンジンがかかってきた気がします（笑）。

「わからない」
って言いたい
だけじゃん

対談に引き続きお付き合いいただき、ありがとうございます。最初のお手紙で私が書いた、「誰もがクィアという言葉を自分のものとして使うのがよいことなのか」に通じることで、もうひとつ能町さんに聞いてみたいことがあります。

差別や抑圧について説明する際に、社会の仕組みのせいでセクシュアル・マイノリティがこんなことに悩んだり苦しんだりしている、というエピソードを話すことがあります。何に困っているか知ってもらわないことにはその解消にかかわってもらうこともできませんから、そこをわかってもらうことは大事なことなのですが、残念ながら、この「わかる」という要素がしばしば逆手に取られてしまう。「究極的には他人が何を考えたり感じたりしているかはわからない」というかたちで「わかる」ことを極めて高いハードルで設定したうえで、だからセクシュアル・マイノリティについても「わからない」のは仕方のないことだ、というかたちで正当化されてしまうのです。

おそらく、こういう理由を持ち出す人は、日頃からどんな他者に対しても何を考えたり感じたりしているかわかっていないわけではない。それでは通常のコミュニケーションが成り立たないはずですから、「わかる」のハードルはもっとゆるやかで穏当なものに設定されているはずです。でも、「わかりたくない」と思う相手に対してはそのハードルを高く設定し、その「正論」で理解を拒んでしまう。それはなんだかとても不当なことのように、私には思えるのです。

能町さんは、このような「わかる」の使い方に接したことはないでしょうか。またこのような「わかる」の使い方をどのようにお感じになりますか。雑駁（ざっぱく）な問いかけで申し訳ないのですが、そんな入り口から少しお話ができれば、と思っています。

森山至貴

「わからない」ことを正当化する物言い

森山　私がいつも気になっているのが、「「わからない」って言いたいだけじゃん」っていうタイプのレトリックなんです。「そもそも他人が何を感じたり考えたりしてるかなんてわからないんだから、異性愛者の私に同性愛者の気持ちなんかわかるわけないじゃん」みたいな。「わかる」ことを極めて高いハードルで設定したうえで、セクシュアル・マイノリティについて「わからない」ことを正当化する物言い。これに反発を覚えるんです。

能町　たしかに、反論を防ぐ印籠のようにそう言われることってありますね。

　思うに、まず、わかるか、わからないかで考えることが間違っていて、方向性が違うんじゃないかって思います。「結局、人は何を考えてるかわからないよね」っていうのはある意味真実ですよね。マイノリティかどうか関係なく、目の前の他人が何を考えてるのかなんて絶対わからない。でも、そんな当たり前のこと言われても、と思います。ものすごく手前の段階でそんな簡単に結論づけてあきらめられても困る。

　マイノリティ側として考えると、自分の気持ちはそもそも「わかってくれ」でもないんです。知識としてとりあえず「知ってくれ」ですね。あなたのその知識のなかに、ちょっと二、三行加えてください、みたいな。「わからない」はともかく「知らない」って言われるのって嫌なので、せめて知ってほしい。だから、わかる・わからないよりは、知る・

知らないのほうが、まだ近いかな。

森山　なるほど。「「わかる」っていうことのハードルの高低を、あなたが自分の都合で上げたり下げたりするな」っていう上下方向のイメージで僕は感じていたんですけど、今、能町さんの話を聞いて思ったのは、「わかる」って、「知識を持っている」から「共感する」まで、横方向にレンジの広い日本語なんですね。「あなたは共感を求める話題として理解したようだけれども、私たちが言いたいのは「知っとけ」ってことだから」っていうことですね。「わかる」っていう言葉の、横方向のレンジのなかのどこに焦点を当ててほしいかの話なのかなって思いました。

能町　ああ、そうかもしれないです。

森山　「わかるわかる！」って言うときの共感とは別に、「知っている」という意味での「わかる」もあって、「「知っとけ」っていう話なんだぞ」っていうことですよね。

能町　そうですね。わかる・わからないだと、嚙み砕いて共感するところまでいかないといけない感じがするけど、知ってる・知らないだと、量とか数の問題になってくる。

森山　そうなんですよね。私の反発も、たしかに「共感してくれ」っていう懇願を受け取ってほしい、という意味のものではないです。そうか、「わからない」のはあなたの勝手だけれども、「知っとけ」からは逃げるなよ、っていうことなのかな。

第3章

いい加減、そろそろ慣れてくれないかな

――マイノリティとマジョリティのあいだ

「マイノリティだから素晴らしい」がやばい

森山 ここまで、私が気になっていることを発端に能町さんと対話してきましたが、ぜひ能町さんの本領を発揮していただける話題についてもお話ししたいです。ということでこの章では、稀代のメディアウォッチャーでもある能町さんが、各種メディア上で見聞きして気になったことについてざっくばらんにお話しできるとうれしいです。

能町 そんな細かく「ウォッチ」しているわけでもないですが（笑）……ここ数年、肌感として、メディアでジェンダーについてセンシティブに扱うことは多くなってきたと思います。ただ、それもどこかズレていたり、それぞれなんですが。

ひとつ思い出したのは、二〇二〇年、『Pen』という雑誌での「いまこそ、「ジェンダー」の話をしよう。」という特集（CCCメディアハウス、二〇二〇年六月十五日号）。私もインタビューされましたし、ryuchellやKABA.ちゃんみたいに、ちゃんとセクシュアリティについて真摯に語れる人のインタビューもあるし、記事はけっこう面白いんです。でも、冒頭のコラムがちょっと……。

音楽プロデューサーの小林武史さんの連載なんですけど、特集に合わせてジェンダーについて書いてるんです。それで、そのとき話題だったコロナ対策にからめて、「安倍さんは常に強いリーダーシップを意識しながら行動する人。憲法改正、初志貫徹！みたいに男らしさを振りまきながらやってきた」けれど「コロナに関しては給付金のことでふらふらと日和(ひよ)った対応をしてしまった」と言うんですね。それにくらべて小池都知事は「『いまなによりも優先するのは命でしょ』とストレートに表明」して、「種をつなぐことが未来につながる、その事実を素直に優先できるのを女性の強みとして」アピールしたからうまくいった、なんて言うわけです。

結論としては、女性をもっと社会の中枢に組み込むべきだ、みたいな感じでさほど間違ったことは言ってないんですけど、そこに至るまでのプロセスで特集には思いっきり反したことを書いてるわけです。家父長制を堂々振りかざすほどの古くささではないけど、男／女とは先天的にこのような性質である、だから女性のほうがエラい、みたいな感じのことを言ってしまってる。このへんの意識の変え方、ステップの進め方って難しいんだなと思っちゃいました。

森山 女性がどんな役割に閉じ込められていたか、という基本的な問題を直視していないから、その役割意識を維持したまま「女性を褒めればもうそれが正解」みたいな粗雑なジェンダー平等理解にとどまるんですよね。この手の「持ち上げ方がちゃうねん」問題って、たしかになかなかなくならない。

能町 「女の人は素晴らしい」って言ってる背後に、何かすごく家父長制的な部分が垣間見えることって、ありますよね。

森山 その二十一世紀バージョンが「ゲイの人はセンスがあるよね」ですね。私としては、「なかったよ、ごめんね！　ほんとお願いだからおしゃれっていうイメージだけは勘弁してくれ」としか言いようがないんですけど。

能町 セクシュアリティの分野からは外れますが、濱田祐太郎さんという先天的に盲目のピン芸人がいて、数年前、ラジオの特番に出たのを聞いていたんです（「濱田祐太郎のオールナイトニッポン0」、ニッポン放送。二〇一八年八月四日放送）。そのとき、なぜか、かなり先輩の芸人である次長課長の河本準一さんがアシスタントで入っていて。

濱田さんは、目が見えないことによる他人の偏見をネタにするんですよね。それこそ「ゲイはおしゃれ」を皮肉るのと同じ感じで、「目の見えない人は第六感が優れているみたいに言われますが、僕は鼻も悪いんです」みたいなネタをやるんです。でも、河本さんは常に「そう言っても、やっぱり第六感みたいなのあると思うねん」みたいなスタンスで、噛み合ってない。せっかく目の見えないハンデを持ちつつ新しい地平を開拓しようとしているのに、そこを潰してしまってる。悪気はないだけに居心地悪くて。「マイノリティだからこそ素晴らしい」的な考えって、こういうところにも現れてきます。

森山 「マイノリティだから素晴らしい」っていう発想自体がまずい、っていうのが日本ではあまりうまく伝わっていないのかもしれません。他のマイノリティに関する同型の発言から類推する、みたいな経験に親しんでいないのかも。たとえば、アメリカで「黒人の人ってマッチョで足が速いよね」という発言があったら、「それは人種差別では?」という疑問が多くの人に伝わるような規模で即座に立ち上がるはずなんですよ。みんながこの疑問を理解できるかはともかく。そういう、「褒めりゃいいってもんじゃない」っていうことに対する典型事例を知らないから、そのような発言のまずさがまったく素通りされ、美談として語られる。

二〇二〇年頃には、女性の生き方を取り上げる雑誌の特集にもこの手の誤解が満ちていたように思います。どれを見ても、「これからは細やかな気配りができる「女らしさ」こそ重要」とか「男性にできないことを女性は担える、担うべき」みたいなことが書いてあって、そうやって女性を特定の性質に閉じ込めることの問題に微塵も気づいていない。

能町 大枠で方向性だけ把握してるけど、本質がまるで伴ってない感じ。

森山 そういったものが、この一、二年で急速に直っているというか、気をつけ方のスタンダードが普及してきた気がします。女性誌、ファッション誌とかだと、「さすがにその論点への理解がぼやけたまま記事を書いてはいけないだろう」みたいな意識はある気がする。

能町 そうですね。私、インスタでファッションスナップを見るのが好きなんですけど、原宿でスナップ写真を継続的に撮っているアカウントなんかを見ると、ブランドやアイテムの説明はありますけど、なんていうのかな、他にまったくなんの説明もないんですよ。性別も年齢も国籍も背景も示されず、見た目もさまざま。なんとなくその人がセクシュアル・マイノリティなのかな？と思わせる要素がファッション上に現れることもあるけど、そのことに文字では一切触れてない。こう……あるがままというか。

当事者としては全部が言語化できるわけじゃないので、一つひとつ説明を求められるのって苦痛じゃないかと思うんですよね。「この人はこういう人」って説明されないで済むのは楽なはずです。

森山 向こうが期待している「○○ってこういう人たち」の「こういう」の性質と自分の重なり具合や異同を説明するのって手間だし、端的に言ってしなくてよい苦労のはずですもんね。

能町 自分のことで言うと、私、最近、自分のプロフィールからデビュー作、『オカマだけどOLやってます。』(竹書房、二〇〇六年)を消すことに決めました。二、三年前から迷っていたんですけど、あのタイトルを出すのはよくないって今やっと決意できた。

私は当時から自分のことをオカマだと思ったことも、呼んだことも一度もないし、すごく嫌いな呼び方だったんです。「オカマ」って言うと、世間的には、夜のお店で、どう見ても男に見えるのにヘタクソな化粧をして、下ネタを交えながらガラガラ声で接客してくる人、みたいなイメージですよね。

本を出した当時ですらすでにオカマっていう言葉は差別的だと捉えられていて、テレビでもおそらくほとんど言わなくなっていて、オネエって言葉がメジャーになりつつあった頃です。でも、あのときは、世間に対して「あなたたちのなかでは私みたいなのも「オカマ」に入るんですよね?」とあえて挑発しつつ、「オカマ、かつ、OL」は世間的に成り立たない概念だと思うので、「どういうこと?」と思わせたい、という意図がありました。当時はそれでよかったと思います。でも、今だと、「あえて」だとしてもダメだって思うようになりました。やっぱり侮蔑語だし、それこそ当時の私みたいにトランスでOLやっている人って今はたくさんいると思いますけど、その人たちを「オカマ」って呼んでもいいいって思わせかねないので。それに、あのプロフィールがあると、読者は私のセクシュアリティを先に認識しちゃうから、それで先入観を持たれるのも嫌で。

森山 なるほど。

能町 あの本、ここ数年読み返してないですけど、たぶん当時の時点では偏見もひどかったと思うので、今は読めたもんじゃないんじゃないかっていう不安もあります。前も話しましたけれど、自分のことも多少振り返っていかないとって思いましたね。

一回下に見ないと面白がれない社会は不幸だ

能町 私はお笑いが好きなので、お笑い界の話もさせてください。お笑いってジェンダー観をすごく典型化しがちな世界ですが、少し前からその枠組みを崩そうとする人たちが出てきた感じがします。生理用品やピルなど、性に関するデリケートなテーマをYouTubeや連載で積極的に語るフォーリンラブのバービーさんとか、インタビューでしっかり芸人界のセクハラとフェミニズムについて語ったDr.ハインリッヒとか、ヒコロヒーとか。

ヒコロヒーさんについては二〇一九年のM-1の予選でやった漫才のネタがすごく画期的だったので、漫才のネタを説明しますね。すごく野暮だけど（笑）。

みなみかわさんという男の芸人さんとのコンビで、最初にみなみかわがヒコロヒーに対して軽く見た目をいじるんですね。そしたら、女芸人だから見た目をいじるなんて安直だ、と彼女はキレて、これから男芸人みたいな女芸人をやってやるから見てろ、と言う。そして、会って「よう」って言っていきなりちんこを触りにいくんですよ。そして、執拗にちんこのサイズを聞く。みなみかわが嫌がると、「男捨ててへんのか」となじったり、どうせ枕営業的なことをしてるんじゃないかと言ったり。ちょうど男芸人が女芸人にするセクハラと逆のことをやり続ける。みなみかわが耐えきれずに泣くと、「男芸人はすぐ泣くからな」みたいなことを言って責める。ちゃんと面白いし、今っぽい感じのネタ。

ただ、こういう視点をテレビでどう使うかっていうと、先輩やテレビの制作側は面倒くさがるのかなって思っちゃいます。

——先輩芸人たちが、まだその扱い方を体得してない感じがしますよね。

能町　そうでしょうね。ベテランの人はこれまでの「文法」に沿って扱う気がするので。

森山　女性にどう接するかと、セクシュアル・マイノリティにどう接するのかって、つながってますよね。女性には上手に接することができるけどセクシュアル・マイノリティの扱いがひどい、とかってあるのかな？　片方がダメな人はもう片方もダメな気がする。

能町　ちょっと違う方向からのコメントになりますけど、クィア・スタディーズって、フェミニズムの影響を強く受けていて、女性が受けている差別の話と、セクシュアル・マイノリティが受けている差別って、根っこは一緒だと考えます。いわゆるオネエみたいな笑いのかたちと、少し前の女芸人の笑いのかたちが、両方とも型にはまった文法のなかで搾取されているのは、必然な気がします。

森山　たしかに、捉えられ方が似ていますね。どこをつけば笑いになるか、というシステムができあがり過ぎてる。女芸人や「オネエ」の人は、そこに自らはまりに行く以外には笑ってもらいづらい。

能町　そこにもうひとつ付け加えるべきだと思うのは、人種的・民族的なバックグラウンドが日本の多数派と違う芸人ですね。いじられ方がみんな一緒で、見ていてすごく気分が悪い。「顔立ちが外国人っぽい、でも英語しゃべれない」とか「その顔でその日本っぽい名前はなんだ」とか。なんでこんなものを見せられなきゃいけないのって思うんですけど。あれも、本人自らはまりにいってることも多くて、見ていて気まずいですね。

人と違う部分をいじるとか、欠点をあげつらうとか、そういうことがコミュニケーションの取り方のなかで大きなウェイトを占めている社会なんだなとつくづく思います。

森山 一度相手を下に見ないと面白がれない社会って不幸な社会だと思うんですけど、日本ってそういう社会ですよね。「へえ、違うんだ。面白い」って素直にならないところ。

1章でもお話ししたように、クィアでも、社会運動の話でもいいんですけど、うまく回り始めれば、他人が自分と違うことは素朴に面白いことであってよいはずなんです。ヘテロセクシュアルの人がゲイやレズビアンを見て、自分とは違うんだ、面白いって思える健全な関係は、全然不可能ではないはずなんです。現在ではあまりに非対称性があるので、真面目にプロテストするか、「ばかにするな」って言い返すかになってしまうけれど、別にいつも辛気くさくいなきゃいけないとか、面白がっちゃいけないっていう話では本当はないはずなんですよね。

――女性差別とセクシュアル・マイノリティの差別はつながっているというお話が出ましたが、フェミニズムとクィアは、どのようにかかわりあっているのでしょう?

森山 クィア・スタディーズというのは、フェミニズムのすごく強い影響下にあります。たしかにクィア・スタディーズとフェミニズムの対象となる現象には傾向上の差異はあります。女性のことを扱うのがフェミニズムで、クィア・スタディーズはセクシュアル・マイノリティのことを扱うことが多いです。けれども、クィア・スタディーズはフェミニズムの発想をきちんと全部受け継いでいる。性に関して特定の属性を持った人が差別されるのは、社会全体の成り立ちがそれを誘発しているからだ、とか、ある同じ属性の人々のなかにある微細な差異も尊重すべきだ、とかですね。だから、フェミニズムの視点が欠けているクィア・スタディーズなんてありえないんです。

ここは大事なところで、というのは「もう女性差別は解消されたから、これからはLGBTの話をしていかないとね」って言ってくる人がいるんですよ。「この社会のどこをどう見たらそういうことになるのか、ほんと言ってみ？」って感じなんですけど。

能町 フェミニズムを軽視するというか、妙に敵視しているような人もいますからね……。

森山 そういう祭り上げられ方に僕が巻き込まれて辟易することがあります。「LGBTの研究は大事だよね、もうフェミニズムいらなくなったし、その次の問題として」とか言われて……次じゃない！

もうひとつ加えると、クィア・スタディーズの大事な考え方のひとつに、「ヘテロセクシズム」というものがあります。日本語に直すと、異性愛中心主義。異性愛者のほうが同性愛者より上みたいな「正しい性的指向のあり方」の基準があって、その他は逸脱、という考え方のことです。

能町 いわゆる、普通に「今の社会」ですね。

森山 そうです。みなが倒すべき問題点はこれだ、とひとつの単語で指し示すことで、マイノリティ同士が「それを正そう」と連帯することができます。

このヘテロセクシズムという単語は、セクシズム（性差別主義）という、女性差別を問題視するための言葉をモデルにしてつくられています。だからヘテロセクシズムを問題視するなら当然女性差別も問題視するはずなんです。たしかに単純に異性愛が同性愛や両性愛よりよいとされるだけじゃなくて、女性より男性のほうが優れているとか、女性は劣位の人間である、みたいな感覚も含んで日本社会の性に関する「普通」はできあがっていますよね。

能町 テレビで芸人がたくさん出るバラエティみたいな分野だと、いまだにヘテロセクシズムが大大大前提で話が進みますからね。男は美人が好き、女はイケメンが好き、MCが男性でアシスタントが女性、出演者は大半が男で、ホモソーシャルな話で盛り上がる。そういう環境が前提じゃないと話が進まないようなシステムになっている。

かたや、ネットコンテンツが増えてきて、ネット配信メディアは「テレビじゃできない○○!」なんて言ってテレビよりも進んでるように見せたがるくせに、ジェンダー観は逆に戻っていたりします。テレビがマイノリティに気を遣い過ぎてるからウチはやるよ、みたいな。マイノリティの見せ方が地上波よりも興味本位だったり、芸人メインのバラエティで女性を地上波よりもトロフィー的な扱いにしていたり。

森山 YouTubeとか、えらいことになってますよね。テレビのさまざまな放送コードって、たぶん、個々の作り手は偏見まみれでもあるんですけど、それでも集合知の力でなんとかあそこまで持っていってできている。それが抑圧にしか見えない人は、ひとりの偏見を垂れ流すことに逆戻りしちゃってるっていうのはあると思いますね。

セクシュアル・マイノリティが出てくるドラマを観ると……

森山 私、実は、テレビドラマや映画で、セクシュアル・マイノリティが出てくるのを観るのがとても苦手で。

能町 ああ、そうですか……、私も苦手です……。

森山 だから周囲の研究者や社会運動家が、映画やテレビドラマを観て感想をどんどんSNSに書き込んでいるのを見ると、「あの人はメンタルが強いのか?」とか思って、すごくへこむんです。

ドラマであれば、とにかく最初の一、二話がつらい。主要キャラクターのなかに、あきらかにセクシュアル・マイノリティに対する偏見の甚(はなは)だしい人がいるんです。でもその人は最終的な悪者じゃない。その人が学んでいって、最後、主人公と素敵な関係を築くことになる。それは予想できるんだけど、だからといってなぜ今この人の無神経な発言を聞かなきゃいけないんだって思って、ほんと苦しくなってくるんです。まあ、最初から周囲の理解があったらドラマにならない、ということなのかもしれないんですけど。

能町 そうなんでしょうね、たぶん。具体的にはどんなことが引っかかったんですか?

森山 最近観たドラマでは、NHKの『恋せぬふたり』(二〇二二年放送)ですね。主人公の女性が恋愛感情や性的欲求を他者に対して抱かない男性と出会って、自分も同じ性的指向だと自覚し、その彼と同居生活を始めて、「家族（仮）」を作っていく、という話です。主人公と以前交際していた同僚の男性が、男女が一緒に住んでいて恋愛感情がないなんておかしいだろ、とか押し付けがましく言ってくるんです。ただしその元カレは、のちに『見えない性的指向　アセクシュアルのすべて』という本を劇中で読んだりして、主人公を理解しようととても努力します。要はとても「いい奴」として描かれているし、最終的にそう受け取ることを一視聴者である私が要求される。それがむしろつらい。

能町 ドラマって、まあしょうがないんですけど、人の要素をすごく単純化しちゃいますよね。この人はこのキャラ、っていうのが、ものすごく簡単な設定で作られていることがある。あのドラマは、うまくいっているなと思うところもあるので、全体としてのドラマについての評価はとりあえず脇に置きますが、多くの視聴者の感動するポイントが「マジョリティが成長した」というものだとしたら嫌だな、って思うんです。

森山 マイノリティを題材にした物語って、しばしばマジョリティのビルドゥングスロマン、日本語で教養小説と呼ばれる、さまざまな体験を経て主人公が精神的に成長していく物語のことですが、それみたいになっている。またマイノリティを題材にしたマジョリティ成長物語を見させられるのか、マジョリティは最初マイノリティのことを知らなくて当然、という前提がまたなぞられるのかと思ってしまって、個人的にはしんどいです。

能町 制作側が基本的にマジョリティのほうを向いて作っているわけですね。

森山 それから、マイノリティの母親の描き方の問題も気になるんです。昔も今も、なぜか母親は、マジョリティの価値観を強く内面化した人物として描かれる。なんで父親が物わかりが良くて母親が悪いってことになっているんだ、それこそ性差別ではないか、とも思います。あと、その役柄を演じるために、名優を母親役にあてる慣例があるようなんです。

『恋せぬふたり』だと、西田尚美さんが主人公女性の母親役を演じていて、演技が素晴らしいんです。母親はあからさまに主人公の生き方を否定するメッセージを発することでドラマを動かしていく役割を担うので、ただの嫌なやつにならないように、演技力のある人、「子供想い」みたいな部分を演技にうまく同居させられる人がキャスティングされるんだと思うんです。セクシュアル・マイノリティの映像作品における、「母親がいつも良い役者さん」問題。母親役が名優であれば、『エブリシング・エブリウェア・オール・アット・ワンス』（ダニエル・クワン、ダニエル・シャイナート監督、二〇二二年）のように、レズビアンの娘を受け入れたその先の葛藤を抱える母親を、母親自身を主人公にして、ゲラゲラ笑える娯楽性すら同居させて描くという唸るような名作も可能なはずなんです。でも、国内作品では、母親の差別意識を脇役の名演技で不意打ちのように見せられてしまうことが多く、しんどくなってしまう。

能町　あまりにそこにリアリティがあると、観る側もくらっちゃいますよね。

森山　そうなんですよ。あれはくらうんですよね。

能町　私もマイノリティが題材の映画やドラマって、できれば観たくないんですよ。批判的に言われているのを目にするとなおさらダメで。草彅剛さんが主演でトランス女性を演じた映画『ミッドナイトスワン』（内田英治監督、二〇二〇年）も、観たほうがいいのかなと一旦思いつつも、トランスにありがちな「かわいそう、気の毒、お涙頂戴」というイメージで描かれてるとか、監督がこれは娯楽だと言い切ってたりとかいう情報を先に見ちゃったから、結局観ませんでした。だから、映画の内容については批判する資格はないんですけど……、そういう映画は、まずはマジョリティの人に媚びる作りでないといけないっていう思い込みがある気がするんですよね。セクシュアル・マイノリティを主人公にすると、理解レベルを世間側に落とさないと作れない。

もう、そういうのいいでしょ？って思う。二十年ぐらい前の、ゲイをテーマにすること自体が新鮮だった時代ならともかく。別に理解のないマジョリティが出なくてもドラマは作れると思うんですけどね。マイノリティじゃない人だってもう食傷気味じゃないんですかね。

森山　人によっては、そういう要素が含まれていたらもう作品全体がダメと言う人もいるはずで、その気分も私にはあるんですが、個人的には「全体としては良い話なんだろうし、自分も感動しなかったわけじゃないからこそ、なおつらい」みたいな。本当にひどいものだったら、「ほんとひどい！　もう全部ひどい！」って言いながら楽しめるんですけど。

能町　はい（笑）。納得できない部分がわずかにあるせいで、すごく引っかかることってありますよね。『エゴイスト』（松永大司監督、二〇二三年）はとてもよかったんですよ。「ＬＧＢＴＱ＋インクルーシヴ・ディレクター」としてミヤタ廉さんが入り、主人公を演じる鈴木亮平さんに、「ゲイであること」について、言動や心理などの助言を事細かに与えたそうなんです。それもあってすごく安心して観られました。

トランスの役は当事者こそ演じるべき？

能町　日本では大きなニュースになりませんけど、フィクションにおいて、トランスの役は当事者こそ演じるべきだという考えが世界ではメジャーになりつつあると思います。エディ・レッドメインが、主演作『リリーのすべて』（トム・フーパー監督、二〇一五年）でトランス役を演じたことを「今だったらやらない。間違いだったと思う」と反省して、当事者が演じるべきだった、とコメントしていたり。日本でも、『片袖の魚』（東海林毅監督、二〇二一年）という映画で、トランス役のキャストをトランス女性に限ってオーディションしたことで少し話題になりました。これはどういうことから出てきたんでしょう。

森山　たぶん、関連しつつも別個のふたつの理由があると思うんですよね。まずは、そもそもトランスジェンダー抜きの制作過程が、トランスジェンダーに関する現実とかけ離れた、雑で問題のある作品を生み出してきてしまったことへの真摯な反省があると思います。当事者と作品制作のうえでかかわることを避けることによって、当事者のリアリティをつかみそこねる、あるいは当事者に対する差別的な表現がなされてしまうのであれば、トランスの俳優を積極的に起用することで、その問題点を解決しようとするのは前向きでよいことです。よい俳優だったら誰の演技だってできるだろう、というのは正しい主張だとも思うのですが、シスジェンダーの制作陣と多数派のシスジェンダー視聴者による採点基準で「トランスジェンダーの演技ができている」ことを判定してしまえることのうえにその主張が乗っかっているとしたら、その「正しさ」はまやかしだとも思うわけです。トランスジェンダー俳優の起用には、まずはそういった意味があると思います。

能町 ああ、たしかにそうですね。私自身、当事者として何らかの作品を見たときに、ちゃんとトランスジェンダーのリアリティを描けているなあ、と思ったことってほとんどないです。その基本的な問題を解消するひとつの方法にはなりますよね。

森山 トランスの役はトランスが演じるべき、との主張の理由としてもうひとつ重要なのが、就労機会の問題です。そもそもトランスの人たちが演劇界とか映画界全体から排除されているから、せめてトランスの役ぐらいはトランス本人がやるべきでは、という主張がまずあるし、その主張はまったくその通りだと思います。誰が何を演じてもいいっていいう基本原則はあるにせよ、トランスとか、あるいは障害者の場合に起こっている問題は、「そもそも雇ってこなかったでしょう」っていうことだと思うんです。でも演劇や映画にトランスや障害者の役は存在する。それって要はトランスや障害者の搾取なわけで、そこに対するプロテスト、という側面は外せないです。

能町 そっか。私はてっきり、「シスの人にトランスを演じるのは無理だろう」という偏見に基づいているのかと勘違いしてました。就労機会という観点は抜け落ちてましたね。

森山 将来的にトランス当事者の俳優が多く活躍するようになり、制作陣のなかにトランス当事者が多く含まれるようになれば、シスジェンダーの俳優がトランスジェンダーを演じても問題なし、と考えられるようになることもありうる、とは思います。別の例ですが、沖縄出身の人は役者になんかなれやしないっていって全然キャスティングされないようだったら、「せめて沖縄の人を演じるときには沖縄の俳優をあてるべきだ」ってなると思うんですけど、沖縄の人も十分に俳優界で活躍しているとなれば、くわえて演出側に沖縄出身のスタッフが適切に配置されるのであれば、沖縄出身の俳優が沖縄の人の役を演じてもいいし、そうでなくてもいい、となるはずです。現在の朝ドラ（二〇二二年四月当時、NHK連続テレビ小説『ちむどんどん』）が沖縄を舞台にしているので沖縄を出したんですけど、任意のどの地域でも同じです。

能町 就労機会が均等であれば、トランス男性（女性）がシス男性（女性）を演じることも当然起こりえますよね。最近は少しずつですが、そんなケースも増えているみたいだし。

「出てくる必然性のないゲイとか出すなよ」というレトリック

能町　話は戻りますけど、どっちにしろ私はトランスが題材となっている作品をあまり観たくないっていう問題があります。単純にトランスがつらい目に遭うのも見たくないし、「トランスとしてリアリティがない」なんて思い始めたらキリがないし。

このあいだ、『子供はわかってあげない』っていう、漫画原作の映画を観たんです（沖田修一監督、田島列島原作、二〇二一年）。原作では主人公の男の子に戸籍上の兄がいて、弟は「兄ちゃん」って呼んでるけど、「兄ちゃん」は女っぽい服装をしている。でも、過剰に女性的な表象を身に着けているわけではなく、ナチュラルで比較的ユニセックスな感じで、ぱっと見で「たぶん女だろうな」程度の感じ。言葉遣いもいわゆるオネエ言葉ではなくて、すごく穏やかで地味めな女

図１　© 田島列島『子供はわかってあげない（上）』（講談社、二〇一四年）より

性として描かれている。
この「兄ちゃん」はわりと重要な人物として活躍するんですけど、映画になったときに……がっつり「オネエ」だったんですね。しぐさや泣き方が誇張されていて、戯画化されたゲイバーのママ的な感じ。
漫画では、兄ちゃんって呼ばれながら世間的にはほぼ女として通っている、その中途半端さが今までになくて新鮮だったし、そのことで独特の空気感が生まれている。なのに、映画では急にいわゆる典型的オネエキャラにさせられてしまったんです。どうしてこういう造形にしちゃったかなっていう……。

森山 今の話を聞いて思い出したのは、二〇二一年にスーパーマンがバイセクシュアルだという設定が打ち出されたときの反発です。単純にはホモフォビア（同性愛者に対する嫌悪・憎悪、差別的言動）なんだと思うんですけど、それをそのまま表現するわけにはいかないから、「出てくる必然性のないマイノリティを出すな」というレトリックになる。でも、必然性ってなんなんですかね。現にいるし、そういう場合もある、というだけなのに。

能町 まず、そういう批判をする人が言う「必然性」と、作者が考える「必然性」って、すごくズレていると思うんですよね。作者があるキャラクターをバイセクシュアルにしたとしたら、おそらく作者なりに何らかの必然性があってしていると私は思うんです。

森山 ああ、なるほど、そうか。

能町　創作である以上、その人がどこ出身で、どういうセクシュアリティでっていうのは、たぶん一つひとつ何らかの意味があると思います。登場人物をバイセクシュアルにしたことについて「偶然そうだった」っていう言い方は私はあまりしたくないかな。たしかに、現実世界では「偶然」いますけど、創作のうえでは必然性をもってバイセクシュアルにしてるんじゃないかと思います。けれど、見る側の、批判ありきで言いたい人は、「必然性がないじゃないか」っていう言葉でバイセクシュアルを否定したいんだと思う。

森山　そうか。そういうとき、「だって現実に、ただいるんだから」っていう方向で批判したほうがうまくいくのかなって思っていたけど、そうすると雑多になんでも映像作品の中に配置してよい、ということになっちゃいますね。現実は雑多なので。今、お話を聞いて、すごくよくわかりました。必然性を見る解像度が低い、必然性として見抜けるものがあなたは少ないから、あなたには必然性がないと見えているだけなんだと。

たしかに、「世のなかにいるので登場させただけです」っていう言い方は、作り手としての責任放棄にもなりますね。その構図のなかに何を登場させて何を登場させないのかは、作り手がきちんと判断して自分の責任で表現しろ、っていうことですよね。

能町　竹内佐千子さんっていう私の友達の漫画家がいるんですけど、彼女はレズビアンで、仕事上ではカミングアウトもしてるんですね。彼女の『赤ちゃん本部長』（講談社、二〇一八年～。二〇二一年にＮＨＫ総合テレビでアニメ化）っていう作品があるんですけど、それが、もう、出てくる人物がマイノリティだらけなんですよ。

ある会社の本部長、いわゆる「エラいおじさん」ですけど、そのおじさんがある日起きたら急に赤ちゃんになっちゃったっていう設定。それだけ聞くとただのギャグ漫画で、実際ギャグ漫画調なんですけど、赤ちゃんになってしまっても会社には出勤しなきゃいけないっていうリアリティが描かれてるんです。

赤ちゃんって手も足も不自由で、自力で歩けない。だから、車椅子的なもの、乳母車に乗せられて出勤せざるを得ないし、赤ちゃんとしての世話を焼かれないといけない。頭脳は以前のままだし、話はできるという設定なので、本部長として仕事をすることはできるんですけど、何かと不便が生じるというところを妙にリアルに描いている。

そして、会社の登場人物も、彼氏と住んでるゲイの子がいたり、ノンバイナリーみたいな人もいたり、現実的にはありえないくらい

図２　© 竹内佐千子『赤ちゃん本部長（1）』（講談社、二〇一八年）より

にいろんなマイノリティの人たちが登場している。そのなかにはやっぱり「理解のない上司」もいるんですけど、「理解のない側」がもはや少数派なので、「理解のない人の成長物語」にはまったくなっていないんですね。こういう人物の作り方は、やっぱり本人の解像度が高いからできることだと思うんです。一人ひとりの属性を細やかに設定することで成り立っている、すごく良い作品なんですよ。

マイノリティとマジョリティの境目って?

――クィアについて考えていくうちに、私はマイノリティとマジョリティの境目がだんだんわからなくなってしまったところがあります。マジョリティっていうと、多数派で、多いことが偉いことっていうか、自分たちのルールが当然だと思っている、みたいな印象がありますが、おふたりの目から見て、マジョリティってなんだろう?っていうのをお聞きしてみたいです。

能町 なんだろうなあ……ちょっとその質問とはズレますけど、今はみんなマイノリティになりたがってないですか? 自分がマジョリティであることを全面に押し出して発言する人って、あんまりいない気がする。「マイノリティの立場として発言する、実はマジョリティの人」が多いっていうか。

森山 ああ、はいはい。

能町 今はマジョリティがディスられているというか、「マジョリティの考えが当然だ、っていうのはよくないよ、マイノリティの話を聞きなさい」という考えの方向性自体は常識として共有されつつある。だから、自分はマジョリティとして発言してるんじゃないんですよ、って言い訳したがる感じをいろんな言説で受けますね。何か逆転しちゃってる。

もちろん、マイノリティの意見が大事だということは間違いなくて、一つひとつ聞きましょう、とは思うんですけど、そこにタダ乗りして「マイノリティのふりをすると発言しやすいぞ」みたいな。うーん……でも、難しいですね。こういうことを言い始めると、マイノリティの本当に大事な意見が潰されるかもしれない。

森山 「私もある意味マイノリティだから」ってカジュアルに言う人は増えたなと思います。そういうカジュアルな言い方って、大抵の場合、まわりの……「本物の」ってとりあえず言っておきますけど、本物のマイノリティの人を苛立たせるだろうな、と思います。「そんなんマイノリティのうちには入らん!」みたいな。

能町 あはは。

森山 弱い人の言うこと、弱い立場に置かれている人の言うことは聞くべきだという規範が浸透すると、弱い立場に自分を置くことで発言を聞いてもらおうとすることは当然ある。

能町 マジョリティは力があって、マイノリティを数と圧力で潰す怖いヤツっていう、ざっくりした共通認識はいろんな人にインストールされている。だから今、みんなマジョリティを名乗らないように頑張っているのかもしれない。

私は一応、この対談ではマイノリティという立場でしゃべることが多いですけど、マジョリティな部分もめちゃくちゃあると思うんです。普通に歩いて電車に乗ってここまで来られる時点でマジョリティですし、まあ発言力もあるほうですし。マジョリティとして気をつけようっていう認識もしなきゃいけなくて。

森山 最初の質問（160ページ）で、「マジョリティは多数派」だと、マイノリティとマジョリティの関係を、多い・少ないっておっしゃっていました。現実としてたしかにそうなんですけど、でも、たとえば男女のあいだの非対称は数の多い・少ないでは考えられないですよね。

「マイノリティとマジョリティってどういう意味ですか？」と聞かれる場合、構造的な弱者と強者、と私は説明しています。社会の構造上弱い立場に置かれる人と、強い立場に置かれる人がいる。男性がマジョリティで女性がマイノリティ、みたいな表現があるのは、この意味に基づくものですと説明します。

たぶん、この次に出てくるのが、さっきおっしゃっていたような話だと思うんです。マジョリティなんだけど、「自分は弱いんだ」っていうポジションから語る人。この人にとっては、自分が強い立場だといわれることには、まったく納得いかない。だってこんなに苦労しているじゃないかって。たぶん苦労しているんですよ。嘘をついているわけじゃなくて、人生でいろいろつらいことがあるから、これで「お前はマジョリティだ」って言われてもさ、と思う人はいるでしょう。

最近、出口真紀子さんという差別の心理学の専門家のお話でなるほどと思ったことがあったんです。マジョリティの特権というのは自動ドアみたいなもので、特権がある人は、自分の目の前のドアが勝手に開くので、そこに実はドアがあることに気づかない。そこを通っている人は、自動ドアの存在、ドアが開いてくれる強みに気づいていないものだと捉えたほうが、特権という言葉のイメージが伝わりやすいと。

たとえば、正社員として働くことができなくて経済的に不安定な男性がいて、これで強者のわけがないと本人は思っているんですけど、その人も、たぶん、ここまで来るときにはいくつかの自動ドアを通って来ていて、しかしそのドアを実は女性は通れない。

能町 ただ、この男性も何らかの別のドアが開かなくて立ち往生している。「強い」っていう言い方自体が、非難めいていてややうまく伝わらない、というところはあるのかもしれない。

森山 なるほど。やっぱり自分がつらい思いをしたことのほうが、感じやすいですもんね。それ自体は否定する必要もないことだと思うんです。

能町 嘘をついてるわけじゃないけど、楽に乗り越えたところに関してはきっと自覚がない。

森山 もちろん、個々人ではなく全体として引いて見た場合には、多い側が偉いということになっているって場合はあります。男性のほうが女性より重役や社長が多いとか。セクシュアル・マイノリティとマジョリティをくらべると、進学率とか最終学歴の違いがあって、セクシュアル・マイノリティのほうが、なかなか学習を重ねていきにくいことはある。

多いほうが有利だったり、偉かったりすることは、全体的傾向としてもちろんあるけれども、個々の人に近寄って考えるときには、たぶん、多い・少ないとか、強い・弱いっていう言葉ではない単語で表現したほうが実情に即しているし、行き違いも減るのかな、とは思います。

ホモナショナリズム──「ゲイ差別はもうないです」

能町 これもマジョリティとマイノリティの関係の話題に入ると思うんですけど、最近気になるのは、ゲイでありながら現状をものすごく肯定してナショナリズムや保守思想に走る人たちです。ツイッターでよく見かけるんですけど、「ゲイですけど、別に差別されてません」って言い張る人たち。そういう人たちは、僕たちゲイだけど楽しい人生を送ってますよ、とアピールしながら、同時になぜかナショナリズムに走る。

ナショナリズムを肯定する人ってだいたい男尊女卑的な考えを持っているし、ゲイの人たちと本来相性は悪いはずなんですけどね。彼らは弱者とされる立場であることを認めたくないためか、マジョリティのみなさんと同じように現在の社会を肯定するから仲間に入れてよ、って、極端に媚びへつらっているんだと思うんです。

差別体験やアウティング（本人の了承を得ずに他人の性自認や性的指向を広めること）な

どの不条理な事態に対して立ち上がった人を見ると、同調するどころか嘲笑したり、屁理屈を言って「それは差別じゃない、その人が悪い」って主張したり、明らかにＬＧＢＴ差別の発言をした保守系の議員を何かと擁護したり。あとは、判で捺したように、中国や韓国に対して差別的な発言をしたり。

森山　残念ながらとても多いですね。セクシュアル・マイノリティのなかでもとくにゲイ男性が、ナショナリズムと結託して国家の承認を求めていこうとする意識やこういった社会関係の構図のことを、ジャスビル・プアという学者が「ホモナショナリズム」という言葉で表現したのですが、まさにその典型的な例、という感じがします。

――どうしてそういうことが起こるのでしょう。

森山　たぶん、差別的な社会のなかで頑張って自分の地位を得てきた人に多い態度で、だからこそ男性、つまりレズビアンではなくてゲイに多いんです。そもそもゲイの場合って、カミングアウトしなければトランスの人みたいには困らないという点で、就職とか仕事に関して不利な点が少ない。

能町　ああ、バレないっていうことか。

森山　そう。「自分は普通に働いて、めっちゃ良い感じの暮らしができてるんで、差別とかないでしょ」って言えてしまう人たち。その自尊心みたいなものが、「『私は困っている』とか『助けて』とか言ってるやつらは甘えだ」みたいな話になっていくと、必然的にナショナリスティックな方向に行くんですね。ナショナリズムは多くの場合国家の理想が個人の幸福に優先する、という発想を含んでいて、国家は人々の生を支えるためにあるという思想と対立するので、自分でなんでもできると思っている人は、ナショナリズムが基準となっても困らない。

つまらない個人的なエピソードですけど、僕が大学院の一年ぐらいのときに知り合った、三十代半ばの男性がいたんです。このまま付き合えるかも、と思って初めて代官山にデートに行って、カフェで趣味の話とかしたんですよ。私もまだ純真な若者だったので、「読書が趣味です」と正直に言ったら、相手が「これ読んでるんだ」って言ってかばんから取り出したのが『国家の品格』(藤原正彦著、新潮新書、二〇〇五年)で。

能町 おおー。

森山 ああ、もう百年の恋が冷めたって。その後一回も会わなかった。後にも先にも相手の読んでいる本が理由で恋が冷めるっていう経験は、あれ一度だけです。

能町 うわあ(笑)。でも、そのホモナショナリズムの人たちの、何かに打ち勝ってきた自信をもとに強気に出ちゃうっていう態度は、私自身も気をつけなきゃいけないなと思います。トランスジェンダーに関してちょっとモヤモヤしているっていうことを話してきましたけど、そこにはきっとホモナショナリズムと似たような感覚があるので。

私はトランスのなかでは、客観的にいうと、たぶん相当うまくいっちゃっているほうではあるんですよ。でも、世のなかにはパスできなくて悩んでる人とか、環境や状況のせいでトランスに踏み切れない人とか、たくさんいて、うっかりすると私はそこを「努力が足りない」みたいに考えかねない。自分にもそういう芽がどこかにあるかもしれないから、そこは自戒しないといけない。

森山 それは僕もそうですね。クィア・スタディーズのなかにも「新しいホモノーマティヴィティ」という単語があります。リサ・ドゥガンというニューヨーク大学の教授が言った言葉です。[*1] 資本主義のなかでうまくやっていける高学歴ゲイが、セクシュアル・マイノリティに対する社会の寛容さの「証拠」のように扱われ、また自らも積極的にその位置に入り込んでしまうことで、差別的な社会のあり方を温存させてしまうことを問題視する言葉です。ざっくり言うと「勝ち組ゲイの危うさ」を指摘する言葉ですね。

大学院時代の指導教員とこの語の話題になったとき、「森山さんもまさにそんなゲイ、と見られるかもね」と指摘されて。「東大出身で博士号も持っていて、大学教員になることが決まっていてパートナーもいて、傍からは「勝ち組」と判断されるだろうね」と言われて、ハッとして。自分としては不細工で非モテコンプレックスもあるし、収入も安定しない時期が長かったので自覚はなかったけれど、たしかにそうだな、と。そもそも、

＊1 Duggan, Lisa, 2003, *The Twilight of Equality?: Neoliberalism, Cultural Politics, and the Attack on Democracy*, Boston: Beacon Press.

こういう場でお話しできている私たちって、特権的な立場にあるんですよね。

勝ち組のセクシュアル・マイノリティ

能町　「新しいホモノーマティヴィティ」で懸念されることって、その人の思想以外の面では具体的にどういうことがあるんですかね？

森山　おしゃれなイメージのライフスタイルが再生産されることで、経済的な側面の問題が引き起こされる、異性愛中心主義的な社会の利害に沿ったふるまいをゲイがしてしまうことの問題が指摘されています。たとえば、おしゃれなゲイ男性にこの商品を売りたいと思う企業が商品を作って、金を持ち、おしゃれだと誇示したいゲイ男性がそれを買う。でもその利益は、異性愛を中心とする企業の社員の給料となり、国家に税金として流れていくわけで、異性愛を中心とする社会はむしろそのことによって潤う。

能町　ああ、なるほど……。経済的な面でもそういう順応が起こるんですね。

森山　一九八〇年代ぐらいから、世界的なさまざまなファッションブランド、とくにハイファッションブランドがゲイ向けのマーケティングをしてきたんです。最も古くて、かつ最も有名なものとしては、カルバン・クラインの男性向けアンダーウェアでしょうか。それに乗っかったゲイが、自分たちのカルチャーのなかで、そういうものを買って身に着けることができる自分たちをある種ポジティブなイメージとして表現していく。そのことによって、お金がないゲイ男性がどんどん見えなくなってしまうけれど、表向きは、同性愛者たちの可視性が高まって、同性愛者たちが社会に受け入れられたということになる。これでいいのだろうか?ということですよね。

能町 そうすると、ゲイっておしゃれだよね、みたいな方向にどんどんなっていくわけですね。

森山 そうです。すごく単純に言うと、異性愛者にとって、あるいはシスジェンダーの人にとって都合がいい存在として、セクシュアル・マイノリティが表象されていくし、セクシュアル・マイノリティ自身がそれを目指してしまう。

能町 1章で話したように、ゲイやトランスの人がオネエタレント的ふるまいをしてしまうのも、ある意味それに近いものがありますね。

ただ、彼ら彼女らがそういうかたちで受け入れられて、その結果収入が上がったり、一部のゲイがゲイ向けのマーケットによってちょっと生活レベルが上がったりするのに対して、レズビアンのかたちってまったく見えないですよね。

森山 はい。

能町 そこがすごく不条理というか、不思議というか。芸能界でいうと、レズビアンアイドルを作りましたとか、ＦｔＭ（Female to Male：出生時に女性と割り当てられたが、性自認が男性である人。一方、男性と割り当てられ、女性と自認する人はＭｔＦ［Male to Female］と言う）だけでグループやってますとか、ごくたまにそういうニュースを見ることはあるんですけど、やっぱりこう……売れないって言ったら失礼ですけど、取り上げづらい。「扱いに困る」みたいな様子が見えます。

――さきほど、セクシュアル・マイノリティの描かれ方についての話になりましたが、レズビアンの描かれ方には、どんな議論があるんでしょうか。

森山 古典的には、女性にはあるまじき性欲の持ち主、という感じでしょうか。レズビアンの性的な欲望自体が、女性としてふさわしくない、とネガティブに表象されることって、ずっとあったんです。そういうものから、少しずつまともな描き方に変わっているとは言えると思うんですけど。

最近だと『作りたい女と食べたい女』（ゆざきさかおみ、KADOKAWA、二〇二一年〜）をNHKがドラマ化しましたね（二〇二二年）。女性同士の恋愛ってふんわりと「女性同士の温かな関係」みたいに誤魔化して宣伝されることが多いのですが、たしかこのドラマに関しては公式が女性同士の恋愛を扱ったドラマであることを明言していたはずで、そこに安心したのを覚えています。

能町 私が最近観たものでいうと、映画『セイント・フランシス』（アレックス・トンプソン監督、二〇一九年）がとても良かったです。子供のいるレズビアンカップルが主人公ではなく脇役として出てきて、彼女らの悩みも描かれるんだけど、その悩みはレズビアンであることに起因していない、というのがとても新しかった。

でも、これまでは、ゲイやトランス女性が特徴的な言葉遣いや誇張した女装など、ずっと戯画化されて描かれてきたのに対して、レズビアンやトランス男性の人ってそもそも描かれていなさ過ぎますよね。固定的イメージもすごく薄いと思います。

記憶に残ってるのは、二〇一二年のキングオブコント（TBSテレビ主催、二〇〇八年から始まったコントのコンテスト大会）で優勝したバイきんぐ（小峠英二、西村瑞樹）のネタです。「娘の帰省」というテーマなんですが、ボケ役のほう（西村）がトランス男性役だったんですね。その時点で私、うわぁ……と引いちゃって。「娘」が「オナベ」になって実家に戻ってきたという騒動を描いたものだったんです。この設定自体、問題大アリなんですが、そのこと以上に、トランス男性って世間的にはこんなにもわかられていないんだな、ってことがショックでした。

その「娘」は短髪でランニングを着ていて、まあ実際に男性が演じてますから、見た目にはただの「おじさん」。もちろん容姿はそれでもいいんですけど、コントとしてトランス男性を表現するのにそれ以外に何を強調したらいいのかわからなかったんだと思うんですよ。それで、なぜか彼らは「オネエ言葉」を選んだんです。「別にいいじゃない！」「うるさいわね！　知らないわよ！」みたいな感じで、トランス男性がオネエ言葉をしゃべっちゃっている。そのこと自体には疑問は差し挟まれないから、どうやら彼らはトランス男性をそういうものだと思っている。イメージできなさ過ぎて、トランス男性の戯画化すら成り立たせられずにそんなことになっちゃった。しかも優勝してますから、審査員もみんなそのことに違和感を覚えなかったわけですよ。

森山 ゲイと言えばオネエ、みたいなステレオタイプがセクシュアル・マイノリティ一般に拡張されたせいで、どこをどうとってもトランス男性とはかけ離れた表象がされているということですかね。

能町 そうです。一番最初のイメージを形作るところまでもいけない。なんでそうなっちゃうんでしょう。

森山 一般的には、メディアの社会が大変な男社会なので、男から脱落したものには居場所をやるが、男の位置を占めようとしてくる男でないものたちは許さんという規範の存在による説明でしょうね。だからオネエタレントはオッケーなんだけど、レズビアンとかトランスジェンダー男性っていうのが、適切な位置を占めることができない。たしかに、テレビ業界のカルチャーとかを見ると、そうだろうなとは思います。

　オネエタレントなんてその最たるもので、「ちゃんとした男」ではないから男から脱落してるんだけど、役回りとして男にとって都合のいい価値観を女に向かってしゃべってくれる人っていう位置を結局は割り振られている。男社会にとっては大変都合がいいですよね。もちろん、そのことをわかったうえで、あえてそういう構図のなかで闘って独自のポジションを占めているオネエタレントもいて、それは希望であるとも思うんですけど。

能町　そうですね。最近は多少補正されているのかもしれないけど、昔はやっぱり「女にきついことを言ってウケる」というイメージがありましたね。一人前の男じゃないっていう扱いだから何を言っても許されるわけですよね。対等に会話できる存在じゃないものとされている。一つ下の存在として、そこにいる。私はやっぱり、その位置にはいたくないなあ……と思ってました。

「弱者を救う」と言う政治家を、弱者はなぜ支持しないのか

能町　二〇二〇年の都知事選前の話なんですが……そのとき、たとえば私は小池百合子には絶対当選してほしくないと思っていたんですが、そういう人たちはつい「小池百合子なんてダメだ」っていう情報をたくさん眺めて安心してしまうわけじゃないですか。とくにネットのタコ壺空間では。

その頃、音楽家の岸野雄一さんがツイッターで書いていたことが忘れられないんです。岸野さんは自主的にフィールドワークみたいなことをされているんですよ。役所の社員食堂や工事現場の若い人たちと選挙の話をしてみた、っていう感じのレポートを書いていて。たとえば、「工場のあんちゃん」と長く話してみると、「野党の人たちは、弱者を救うと言ってるけど、俺、弱者じゃねえし」って言うらしい。岸野さんが、「でも社会的

な立場としては弱くない？」と言っても、「いや弱者だと思われると周りからナメられる」と。自分は精一杯やってるから弱者じゃない、っていうことらしいんです。

高所から見て弱者を救おうという立場の人……って、たぶん私もそういう人に入ると思うんですけど、きっとこういう現実が目に入っていない。こういうことも、広い意味ではクィア・スタディーズにかかわってくるのかな、って。もっとミクロな視点で、実際にいろんな人が個々でどう思っているのか見ていきたいって思います。

なんで弱者とされる人は「弱者を救う」と言っている政治家のことを支持しないのか、って不思議に思うけど、どうやら簡単な問題じゃない。世間的には弱者のはずなのに、本人は「絶対弱者じゃない」って言い張ることがある。これは、ホモナショナリズムにもつながる話だと思っていて。どんな立場の人でも、「うまくやってるから俺は別に差別されてません、うまくやれてない人が努力が足りないんじゃないんですか」っていうほうに流れることがあると思ったんです。

森山 さきほどは社会的には強者に含まれるはずの人が「自分も弱者」と主張する話があって、今度は明らかな弱者が「自分は弱者じゃない」と主張する話ですね。「強者／弱者」をめぐるねじれ、興味深いです。

今の話を聞いて想起したのが、ポスト・フェミニズムという考え方のことです。ポストは「後の」という意味の接頭辞です。もうフェミニズムの課題は達成されたので、フェミニズムはいりませんっていう立場をポスト・フェミニズムと言います。大学進学率や年収の男女差など、まだこんなに不均衡があるじゃないですか、と言ってもなかなか通じず「私はちゃんと努力して頑張って大学を卒業したし、年収の高い仕事にも就いたので、それは差別ではなく努力の有無の問題だと思います」と主張されてしまう。

現在の、いわゆる第四波のフェミニズム[*2]というのは、ポスト・フェミニズムの考え方とどう向き合っていくかが問題だとよく言われているんです。実際に女性たちが頑張っていることは間違いがなくて、頑張ってハッピーになっている人がいるのは大変よいことなんだけど、「じゃあフェミニズムは終わったんですね」って言われちゃうと、それでは現在ある不平等を見逃すことになってしまうのでやっぱりまずい。

でもここで、「そんなことを言う人たちはわかっていない。目を覚ましてあげなきゃ」、みたいな考え方をするのは最悪な方向です。「弱者と呼ばれることとアレルギー」は多くの人が持っていて、それにもっと丁寧に対峙する必要がある。

＊2　第一波フェミニズムは十九〜二十世紀前半までの法の下の男女平等を目指し、女性の相続権、財産権、参政権を求めた。第二波は一九六〇〜八〇年代までの女性解放運動を含む動きで、私的領域に潜む構造的不平等を取り上げた。九〇年代初頭に始まった第三波では、外見や行動における個人の自由や主体性をより重視。ポスト植民地主義の立場から、インターセクショナリティ（人種、ジェンダー、セクシュアリティ、社会・経済階層、障害など複数のマイノリティの交差性から差別構造に向き合う概念）に重きを置いた。第四波は＃MeToo運動などＳＮＳによるハッシュタグ・アクティビズムを取り入れた二〇一〇年代からのフェミニズムの潮流を指す。

能町　難しいですね。自分が知っている範囲の外にある話がなるべく聞ける状態でいないといけないですね。

森山　そこを上手にやらないと、なんですよね。「なんでも受け止めよう」だと、差別的な声も一度は受け止めなければいけない、ということにもなる。一歩踏み出した瞬間に矢があちこちから飛んでくるような状態で「すべての意見をちゃんと聞き入れなさい」みたいなことを言うのもまたまずいと思うんです。

とくにマイノリティとか女性の学生に、「いろんな意見を取り入れなさい」ということは事実上、「あなたが差別的な声に耐えなさい」みたいな話になってしまう。囲ってあげて、内側が安全になるようにコントロールされた場でいろんな意見に慣れるというのも大事なんですね。たとえば、ポスト・フェミニズムについても、いま性暴力の被害を受けている女子学生には、その主張は「自業自得」と責めるものに聞こえるので直接受け止めさせてはいけない。

能町　たしかに、いつでもなんの心の準備もなく踏み出せるわけではないですからね。私もTERF（トランス排除的ラディカルフェミニスト。194ページ）をめぐる議論には、あまり踏み込みたくない。議論以前に、自分がただ傷をえぐられる可能性があるので。うーん、どうしたらうまく対話になるんでしょうね？

森山　TERFのことは、後でしっかり話したいので、ここでは一般論でまずは応答しておきたいのですが、「あなたたちはそこにいていいのか」という建て付けの「議論」が恐怖なのは当然です。自分が排除される可能性に自分で向き合え、ということですから。それは「議論」という言葉で指し示されるべきでないものが「議論」になっているということだと思うんです。だから、その場合に求められる「対話」はそもそも必要なくて、そういった危うい言葉をきちんと取り除いておく、という意味で「囲い」は必要なのだと思います。

他方で、ポスト・フェミニズム的な考え方を持った学生にとっては、ポスト・フェミニズム批判が基本となっている場所はとても居心地が悪いと思うし、疎外感を抱くだけでなく、意固地になって自己責任論にさらに傾くようなことになったらその学生をのちに苦しめることにもなると思うので、全否定じゃないところから対話をしたいとは思うのですが……。正直「最終的に間違いだと指摘する」感を相手には気づかれていると思うので、私の側の対話の「構え」に有言実行できていない側面があるのだと思います。

「受け入れる」のベースに「受け入れない」がある

能町 3章の前（134ページ）に、「わかってほしい」じゃなくて「知ってほしい」という話をしましたが、その関連で……受け入れる・受け入れないっていう言い方も私は好きじゃないんです。うっかり自分で言うこともありますけど、よく考えるとしっくりこない言葉だと思います。

そう思ったのにはきっかけがあって。二〇〇五年頃、mixiがさかんだったとき、mixi内に「ゲイやレズビアンを受け入れる人」というコミュニティがあったんです。しかも運営しているのは自称ゲイの人。見た瞬間に「え?」って思って。

「受け入れる」って言うとき、ベースには「受け入れない」があると思うんです。受け入れない、許容しないのが当たり前であるなかで、私は寛容だから受け入れるよ、っていうスタンスに見える。たとえば、「黒人を受け入れよう」っていう言い方は論外ですよね。そんなの当たり前過ぎて。「受け入れる」っていう時点で、その対象を選別する立場にいることになる。ものすごく上からの目線ですよね。

しかもこのmixiコミュニティの場合はゲイ本人が言ってる。つまり、その人は自分をめちゃくちゃ下の立場に置いて、「ゲイという低い立場の私だけど、どうか受け入れてください」というスタンスになっちゃっている。

森山 でも、「受け入れる」の代わりの言葉がなくて難しい。「当たり前のものとしてみなす」みたいな……。ちょうどいい言葉が日本語にはないんですよね。

「寛容」って上から目線だよねっていうのはすごく言われていて、日本でも同性愛者に対する寛容っていうのが差別でしかないっていうことを、風間孝さんという社会学者がずっと研究していらっしゃいます。[*3]

「LGBTアライっておかしくない？」

――セクシュアル・マイノリティの支援者である、LGBTアライの「アライ」は、寛容とは違うんですか？

森山 違いますね。

能町 アライ（ally）の直訳はなんなんですかね？

森山 もともとは軍事用語だったと思います。同盟とか同盟国みたいな意味だと思うので。そもそも、そんな戦争にまつわる表現を比喩として使ってだいじょうぶなの？って思うところもちょっとあるんですけど。

能町 自分はLGBTアライです、と堂々と標榜する人はちょっと警戒しちゃいます。どうしても、アライじゃないことがベースにある気がしちゃう。

森山 セクシュアル・マイノリティ当事者は、アライに対して警戒するところはあると思うんですよね。自分で「あなたの味方だよ」とか言い始める奴ってなに？　あんたが味方かどうかはこっちが認定するよ、みたいな。

能町 こっちはあなたを知らないよって（笑）。

＊3　風間孝「「寛容」な文化における同性愛嫌悪」『国際教養学部論叢』，第八巻第二号一－十五頁（中京大学国際教養学部、二〇一六年）。

森山　そうそう、「そんなに簡単に信頼されるとでも思ってるわけ?」って。ただし、僕のゼミの学生が「アライってなんか引っかかる」って言ったときには、また別のことを言います。アライを自称する人たちが上から目線だったり「寛容」に結びついていたりするかもしれないのはその通りだけれど、「アライっておかしくない?」って言うことによって、「自分はきちんとしているんだ」ってアピールしようとしてるなら、それはアライアピールと大して変わらないのでは、と。

能町　ああ、さらにもう一層かぶさってくるんですね。

森山　「LGBTとか言ってるやつらってブームに乗ってるだけだろ」って言ってるあなたは、それはそれで違うタイプのブームみたいなもののなかに自分を置いてるのとは違うのかい?って。「批判するのがお作法」にとどまっていてはダメだよね、とはいつも思っています。とくにこれって、きちんと学んだ人がむしろやりがちです。ある意味ではそこを経由してほしい、「味方だよ」って自称すると味方になれるわけない、っていうことはわかってほしいんですけど、「なれるわけない」とアピールをされても、セクシュアル・マイノリティはうれしくもない。

そうなってくると、具体的な関係性のなかで、ちゃんと関係性をつくるしかないはずですよね。特定のグループに属さない人がそのグループの人々の味方になれると簡単に思わないことは、必要な側面はあるとしても、個別の人間関係においてはそれだけでは不十分で、それでは相手を支えたことにはならない。

能町　「アライなんておかしいぞ」が裏返って「じゃあアライになんかならなくていいや」じゃ本末転倒ですもんね。

「私たちはここにいる。慣れることね」

能町　「受け入れる」という言葉の話に戻るんですけど、仮に「LGBTを受け入れない」ってどういうこと？って具体的に考えると、もう、怖いことしか思いつかないんですよ。受け入れないって何？　洗脳されるの？　追放されるの？　粛清（しゅくせい）されるの？みたいな。だから、「受け入れる」なんてもう前提も前提。だって、いるんだから。

森山　そうですね。「「受け入れる」ってなんだよ！」は、「受け入れてくれなくてもいいから」っていう話でもないんですよね。

私の感覚だと、「理解する」「受け入れる」は、そっちの都合過ぎるんですよね。「そっちの心持ちの話なんですか、これ？」って思ってしまう。向こうが心情的に納得するとか、ウェルカムだって状態になるとかの話じゃない、「そっちの気分がいいことはどうでもよくてさ」みたいに喧嘩を売りたい気分もある。

能町　そうですね（笑）、あんたの考えは関係ないんだよ、だって、いるんだからしょうがないじゃん、って。別に大歓迎してハグして愛してくださいってことじゃなくて。そこにいる、存在するっていうことについてはもうあきらめて認めましょうよ、くらいの感じ。

森山　もしかしたら、クィア・アクティビズムにおける最も有名なスローガンのひとつが、その感覚にぴったりかもしれない。

We're here, We're queer. Get used to it.

「私たちはここにいる、私たちはクィアだ、慣れることね」、っていう意味なんですけど。

能町　うわー、まさに私もそれです。もう、慣れてくれ、って。

森山　別にあなたの素晴らしい良心が私の存在を受け入れるとか、そういうことじゃなくてさ、慣れてくれないかなっていう。「受け入れる」とか「わかる」はこっち側が媚びを売ることとしばしば組み合わさっていて、「下手に出るので受け入れてください」って感じが嫌なんです。こっちが言い方を「間違えちゃう」と、向こうが受け入れなくていい、わからなくていいみたいになってしまう。だから、「慣れろや」がちょうどいいのかなって。

能町　そうですね。排除の動きは論外として、マイノリティをいじるとかネタにするとか、違和感を笑うようなことも、やっぱり慣れることに抵抗しているんだと思うんですよね。慣れたくない人がいる。

――そうなると、たとえば多様性というワードにも違和感がありますか？

能町　ああ……多様性もちょっと最近ネタ化しているというか。「ＬＧＢＴって言っときゃいいだろう」と同じような使われ方をし始めている流れは感じます。

森山　慣れるのが怖いんですかね。「今は多様性の時代だし」とか言って時代の問題にしちゃうのは、そこに慣れることに対する拒否反応なんじゃないですか。「認めてませんよ」とか「受け入れられなくても仕方がないですよね」みたいな目くばせ、その感覚の共犯になってください、みたいなメッセージを受け取って辟易することはよくありますね。

「慣れろや」の背後にあるもの

森山　「慣れろや」というメッセージの背後には、別にあんたたちにはもう合わせませんからっていう、ある種の好戦的な態度がある。クィア・スタディーズは、その好戦的な態度を崩さない学問ですし、クィア・スタディーズのスピリットといったら、やっぱりこれが筆頭に挙がると思います。

1章でも話したように、一九五〇年代のアメリカの社会運動って、もっと主流社会に対して迎合的で、私たちはかわいそうな病気の人たちなので受け入れてください、みたいなメッセージがあった。一九九〇年代以降のクィア・スタディーズは、単に権利を獲得するだけじゃなくて、もっとはっきり喧嘩を売るみたいなスピリットがある。

能町　それは、私がトランスについてブログで書き始めたときに自覚的にやっていたことでもありますね。価値観を混乱させてしまいたかった。

前に話したように、私がトランスしていこうとする時期は、性同一性障害っていう言葉がテレビはじめメディアでもよく言われるようになっていた頃だったので、手垢がつき始めていて。つまり、かわいそうな人っていうイメージが強かったんです。露骨な差別はされないけど「かわいそうな人」の枠になっていたので、まず「かわいそう要素」をとにかく削りたかったんですよね。

だから、まず「子供の頃からつらかった」って話はしない。実際そんなにつらくなかったし。その後、トランスの過程でつらかったことは多少ありましたけど、そこもあえて強調しない。のちに書籍化したブログの『オカマだけどOLやってます。』っていうタイトルも好戦的なつもりでつけて、ブログの内容も、苦労話はほとんど書かずに同情を買わないようにして、かつ、いわゆる「オカマ」のイメージ通りのような、男なのに女っぽいことをやっていて滑稽でしょう、っていうのも一切書かないと決めた。そのふたつの要素を完全に排除した部分だけを書こうと思ったんですよね。今思うと、それはすごくクィア的なことだったのかもしれない。

森山　うんうん、はい。

能町　オカマって言っときながら「オカマ的なこと」は拒否する。じゃああなたはなんなんだ、って言われたとしたら、「知らないよ」と。こっちは好きなようにやってるだけで、別に名前はありません、って。

森山　さきほど、能町さんのプロフィールから『オカマだけどOLやってます。』を削除するというお話をなさっていましたけど。能町さんに「元男」みたいなレッテルを貼りたい、そのためにそのタイトルを利用したいという人がいると思うので、そのことを避けるためにプロフィールから外す、抜いてしまうということは、十分にありうることだと思います。でもそれは、本そのものの価値とは別だよ、というふうに私は思っています。「へりくだらないこと」の美徳を能町さんの本からは感じますし、それはとても大事なことだと思うんです。

能町　……「あの本を書いたんだから、常にお前は「元男」だと言われることを引き受けろ」みたいな、そういう心無い言葉を能町さんはたくさん投げかけられたとどこかで読んだことがあるので、それを避ける選択としてはよくわかります。

ああ、ありがとうございます。そうですね、あれは作品のひとつでしかないから、そのことばかり殊更(ことさら)に指摘されることを引き受ける義理はないですよね。当初から、「元男」であることについては隠しもしないけどアピールもしない、っていうふうに行こうと思ってたんですよ。自分のセクシュアリティとなんの関係もない仕事もたくさんあるので、そういうときには別にわざわざ言わない。知らなきゃ知らないでいいし、知っててくれても別にいいし、っていう態度が一番挑戦的かな（笑）とも思っていて。

森山　ちょっと関連する話をすると、同性愛に関する研究のなかで、カミングアウトの研究って、一大ジャンルなんです。同性愛に関する研究者は一回、カミングアウトの論文を必ず若いうちに書く、みたいな印象すらあります。僕も書きましたしね。

そのなかでずっと言われてきたのが、カミングアウトの話題って「みんなにオープンにしているか、全員に対して隠しているか」っていう対立で捉えられるんだけど、現実はそうじゃないということです。その複雑さ、繊細さを、それぞれの研究者がそれぞれのやり方で書いてきた。これは、ここ十何年以上のカミングアウト研究の「お作法」みたいにすらなっています。

能町 どこでも言っているわけじゃないけど、隠してもいない。私自身もそうですし。「一回あの人に言ったんだから、みんなが知ってて当然でしょ」とか、逆に「誰に対しても隠したいっていうことですか？」とかすぐ言われてしまう。違うっての。

セクシュアリティって、もちろん本人のアイデンティティにとってすごく大事なことではあるんですけど、ちょっと神聖化され過ぎてると思うこともあります。私の究極の理想は、趣味程度の感覚で言えることだと思ってるんです。音楽はこれが好きです、ぐらいのレベルでセクシュアリティについて言えて、そこに差別もない、というのが理想です。もちろん、現実的にはなかなか難しいだろうと思いつつ。私はなるべくそのぐらいのカジュアルさでやっていきたいです。

森山 僕としては、セクシュアリティが大事なんですよ、っていう人がいても全然よくて、大事じゃないっていう人がいてもいい。ただ、どのぐらい大事かっていうのをお前が決めていいって思ってることだけは絶対違う、っていう感覚はありますね。しかも、大事か大事じゃないかって、そのときの気分とか状況で変わるじゃないですか。「とてつもなく自分に大事なこと」って思うときもあるし、「どうでもいいかな」って思うときもあるし。なんか、「あんたと話しているときは、めちゃくちゃ気にせざるを得ないの！」って思うときもあるし。

能町 はい（笑）。

森山 今、自分にとってどのぐらいの重みがあるのかっていうのは、すごく伸び縮みすることで、自由に伸び縮みさせてくれと。「いつも大きなもの抱えているんでしょ」とか「どうでもいいから捨てているんでしょ」とか勝手に言われると嫌だな、っていうふうには思います。

能町 たしかにそうですね。人から勝手に、自分の感覚についての尺度を決めつけられるのは一番嫌ですね。

それは
「論」では
ありません
ooo
ooo

虐げられている人を助けようとする人が、別の何かを虐げてしまう

能町 クィアやLGBTQにかかわる話ばかりではないんですが、最近デリケートな議論が起こったときに気になるのは、「行き過ぎてしまう」人をどう考えていったらいいのか、ということです。何らかの差別的な発言に対して一旦批判が起こり、「たしかにその通りだ」と思っていたら、批判を始めた人の論調がどんどん厳しく険しくなって、そこまで責め立てるのはやりすぎなのでは？とか、勢い余って別に批判するべきでもないことまで叩き始めてない？とか思ったことが何回かあって。

たとえば、ある著名人の性差別的な問題発言を批判して賛同を集めた人が、そこに留まらず、いつの間にか「性風俗そのものが悪だ」というような行き過ぎた発言をするようになっていった例を見たことがあります。それに対して別の人から「性風俗に従事している人を差別している」と批判を受けると、一度立ち止まるわけでもなく、ますます主張が頑なになっていく。こういう言動って、クィア的な方向性とは正反対ですよね。弱い立場の味方でいたはずの人が、追い風を受けることで極端な方向に猛進し、いつの間にか別の弱い立場の人を虐げてしまう。あの極端さは何なんでしょう。

森山 藤田孝典さんがラジオ番組のパーソナリティの発言を批判した件ですよね。[*1] その批判自体は私ももっともだと思います。おそらく能町さんは金銭の授受を伴う性行為そのもの

が倫理的に問題であるとする立場そのものを「行き過ぎ」とおっしゃっているんですよね。その点についてものちほど述べたいのですが、それとは別に、自分とは相反する立場に対する藤田さんの強い表現のなかに大きな問題点があると思うんです。斡旋業者の悪徳性を糾弾するあまり、セックスワーカーの女性をあまりに性急に無力な存在として描いてしまっていないでしょうか。それでは、女性に対する抑圧をなくすのではなく、むしろ違うかたちで温存している、というのはフェミニズムにおいて基本中の基本の指摘で、そこは理解しておいてほしかった。

女性を庇護の対象としてしか見ていないのか、「真の問題をわかっているのは俺」というポジションから立ち退かされることに対する拒否反応なのかわかりませんが、その構えから語るのはどうしたって女性差別です。それは多くの人が指摘していたはずなのですが、伝わらなかったようですね。その意味で、「引っ込みがつかない」っていうのは本当に罪深いですよね。あくまで一部の表現や考え方に関する最初の時点での批判を真摯に受け止めていれば、そのあと対話も連帯もできるのに、自分は一切間違っていないとの立場にこだわると、あとは全面的に敵対するしかなくなってしまう。

＊1　二〇二〇年、ナインティナイン岡村隆史がラジオ番組内でリスナーからの便りに対し、貧困によって性風俗産業に流入してくる女性を歓迎する発言をし大批判を受ける。その発言を受け、社会活動家の藤田孝典は当氏の番組降板を求めるなど激しく非難。性風俗産業に対しては「ピンプ」と呼び、廃業するよう強く主張した。

能町 弱者の味方としての発言をさかんにして、いろいろなことを批判していくうちに、いつの間にかボーダーラインを踏み越えていて、そこにその人自身の差別的な部分が出てしまう。それを批判されると、引っ込みがつかなくてむしろどんどん頑なに自分の考えに固執してしまう。

森山 また別の論点として、こういう発言を「行き過ぎ」と表現するのは適切ではないのでは、ということもあるように思うんです。学生からもよく「行き過ぎた○○についてどう思いますか？」と聞かれるんですが、行き過ぎているかじゃなくて、端的に間違っているかを考えるべきだと応答しています。さきほどの場合も、少なくとも僕の立場からすると「性風俗そのものが悪だ」は端的に間違っているのであって、性差別的な発言への批判が一線を超えて強くなったからダメな発言になってしまったわけではないです。

「行き過ぎ」って便利なんですけど、実際には、ことの悪さについてちゃんと考える言葉として使えない。「～過ぎ」という表現のなかに「よくない」という評価が含まれているので、結論を先取りしてしまっているからです。

「どこまでやったらよい塩梅なのか、なぜそこまでにすべきなのか」を真剣に考えるならば、「この要素があるから間違っている」という方向で主張を組み立てるべきで、それがわかれば、これは「程度」の問題ではない、と言えるはずなんです。その手間を惜しむから、というより本当はそんなことを考えもせずに「気に食わない」という直感を正当化しようとするから、たとえば「行き過ぎたフェミニズム」みたいな雑な批判になってしまう。

能町　ああ、そうか！　なるほど。「行き過ぎたフェミニズム」という言い方だと、フェミニズムが間違ってることになっちゃいますもんね。

森山　この場合は「フェミニズムは間違っている」と本当は言いたいのを隠して何か言おうとすると、「行き過ぎ」という表現が使いやすいんでしょうね。もう少し複雑になると、「俺が受け入れられるところまではOKなフェミニズム」「女性に参政権を認めるフェミニズムはいいんだけど、それ以降は駄目」みたいな、謎の採点基準が作られてしまう。フェミニズムの歴史を知っていたら、そんな軽率なことは言えないはずなんですけどね。
「引っ込みのつかなさ」と「行き過ぎた」というレトリックってもしかしたら根っこは一緒かもしれません。考えることを途中で放棄して、自分のいる場所を「ちょうど良い、バランスが取れている」地点としてしまう驕（おご）りというか。だから私たちはみんな、ちゃんと引っ込みをつけながら、「行き過ぎ」という言葉で他者を批判した気にならない人間でありたいものだって、つくづく思います。間違っている部分、不適切な部分を守って育ててしまうと、それ以外の部分にも波及して、結局間違った考えを全面的に採用する、みたいなことになってしまうんですよね。TERF（ターフ）もそうですよね。

乗らないですよ、そんな土俵――TERFの問題

能町　TERFの問題は、私としては、ものすごく語るのをためらうテーマですね……。うーん……。

――TERFという言葉は、どういうふうに使われ始めたのでしょうか。

森山　TERFは、トランス排除的なラディカルフェミニスト、Trans-Exclusionary Radical Feminist の略語ですね。欧米圏を中心にトランス排除的な言説があるのですが、このトランス排除に、「身体的に女性な人が女性」という素朴な考えを持つ一部のフェミニストが相乗りしてしまっているんです。イギリスでは『ハリー・ポッター』シリーズのJ・K・ローリングが典型的でしょうか。[*2] 韓国でもこの種のトランス排除が甚だしい、[*3] と聞いたことがあります。

二〇一八年頃、日本でトランス排除が問題になってきて、TERFという言葉も使われ始めたのですが、私は最初かなり違和感があったんです。そもそも私のまわりのフェミニストの人はトランス差別の問題をよく理解しているから、トランス排除なんかするわけがないと正直思っていた。けれど、それから数年のあいだにどうも私の知っているフェミニストのなかにもはっきりとトランス排除的な主張をする人がいるとわかってきたんです。学術的に、あるいは社会運動のなかで、一定の存在感を持っているフェミニ

ストのなかに、信じられないようなトランスジェンダー差別をする人がいる。

能町 そうですね。そういう人たちはＴＥＲＦという言葉自体を侮蔑語だと思っているので、自分がＴＥＲＦだなんて認めないんですけど。

森山 「ＴＥＲＦは誤った、不当な呼び名であり、自分たちは正しいことを言っているのだ」と主張して、その呼び名そのものを受け入れないんですよね。

能町 さっき語るのをためらうと言ったのは、ＴＥＲＦは私自身に如実にかかわってくる問題なので、単純に、非常に怖いからです。怖いから、接しないようにしている。身体的・精神的に危害を加えられかねない恐怖感があるので、そもそも議論に乗らない、参加し

＊2　米メディア『Devex』の記事「新型コロナウイルス後の世界を、月経がある人にとってより平等なものに」（トランスジェンダー男性やノンバイナリーなど、女性以外に月経がある人たちがいることを配慮した表現）に対し、J・K・ローリングがツイッターで「〝月経がある人〟。昔はこの人たちを指す言葉があったはず」と揶揄した。その「言葉」とは「女性」である。性別はあくまで「生物学的」に決まるものとみなし、たとえばトランスジェンダー男性を「女性」扱いするなど、性自認を尊重しない姿勢が仄めかされたため、J・K・ローリング原作の映画『ハリー・ポッター』『ファンタスティック・ビースト』に出演した俳優が次々と当該のトランスジェンダー差別発言に反対する声明を発表。

＊3　兵役で男性として入隊した後、性別適合手術を受けたトランスジェンダー女性が、規則違反として二〇二〇年に除隊処分となる。取り消しを求めて裁判を起こしたが、その後判決を待たずして女性が亡くなる。翌年十月、裁判所はトランスジェンダー女性への除隊処分には法的根拠がないと除隊取り消しを命じた。二〇二〇年には、トランスジェンダー女性が淑明女子大学法学部に合格したことを公表したが、その後、学内の反対意見、誹謗中傷のため入学を断念。なお、二〇二一年二月には韓国国家人権委員会が『トランスジェンダー嫌悪差別実態調査』報告書を発表し、「韓国社会にはトランスジェンダーに対する嫌悪が蔓延している」と結論づけた。

ないことにしてしまっています。でも、ときどき見かけると気にしてしまいますね。

――TERFは根本的に何か侵害されるって思っているんですか? 動機がわからない……。

能町 議論に乗らないと言いながら、ここでは言及しますが……、TERFの典型的な例を言えば、その人たちはトランス、とくに身体が男性でありながら女性として生きる人を認めないわけです。女性として暮らしていても、身体上の性別は男性だから男である、という主張です。だから、トランス女性に対して「身体男性」という独特の侮辱的な言葉を使ったりします。たとえば女子大みたいな、女性が男性によって脅かされない世界に「身体男性」が侵入してくることで権利が侵害され、恐怖を感じる、という主張です。

その人たちがとくに命綱にしてよく言及するのが、お風呂とトイレの話です。身体的に男性である人を女性として認めてしまうと性犯罪者が女湯に入ってくるのだ、という極端な論を必ず振りかざしてくる。「身体を変えなくても女であるということも起こりうる」的なことを少しでも言うと、返す刀で「その体で女湯に入ってくる、女子トイレに入ってくる、性犯罪をする」と恐怖を煽る。女性が反射的にすごく抵抗を持つ例を挙げて、そんな人はたしかに怖い、と思わせる方法を取るんですよね。

森山 「恐怖」をフックにして他人を差別に動員する必要があるんですけど、そもそもトランスジェンダー自体が別に怖くはないので、トランスジェンダーの実態と離れた「怖いトランスジェンダー像」を捏造(ねつぞう)せざるを得ないんですよね。

能町 極端な例で言えば、「私は女だ」って言い張る人が手術もせずに男性器を見せた状態で女湯に入ってくるのだ、って主張するんですけど……自分の体に違和感があるはずのトランスが、男性である体をわざわざ見せつけるようなことをするかどうか。他人のことだから「そんな人は絶対にいない」って言い切ることはできないけど、こうなるとどんな可能性だって取らなきゃいけなくなるから、議論が破綻すると思うんです。

森山 「そんなことめったにはないかもしれないが、ないとは言い切れないじゃないか」というこの手の「可能性論法」は厄介ですよね。実際にはどんな可能性にも満遍なく言及するわけでなく、特定の属性の人々が悪さを行うことに対してのみ可能性を言い募るわけで、その眼差しの偏り自体が差別なわけですが。

能町 ただ、私が気にしてしまうのは、たしかに女性に被害を及ぼす「自称トランス」の例を私自身も聞いたことがあるということです。

シスジェンダー女性のとある知人が、ある時、女性の身なりをしていて性転換もしていて、トランス女性だと名乗る方に会ったそうなんですね。その人はトランスレズビアン、つまり、恋愛対象は女性だと公言していて。知人はごく普通に日常的な付き合いをしていたらしいんですけど、のちのち、性被害を受けたらしいんですよ。それでもう一切信用できなくなったと言っていて。

その人は、私自身とは普通に接してくれるし、私に対してこの話をしてくれるくらいなのでトランスジェンダー全般を嫌悪しているわけではないんですけど、女性が好きだと言っているトランス女性に関しては信用ならなくなったそうなんです。

その他にも、男性が女装して女湯に入ってきて、捕まると急に「私は心が女だ」と言い張って逃れようとした事件も何度かありました。仮にこういう人が自分はトランスだとずっと言い張ったら一体どうなるのか。

森山 私が日常生活で耳にしてしまうくらいなので、起こりえないほど極端なこととは言い切れない気がして。こういう実例を知ってしまうと、当事者である私は説得力のある説明ができるだろうかと、暗鬱（あんうつ）とした気持ちになります。

トランスジェンダーであるとの詐称は、それ自体が人々のトランスジェンダーへの偏見を強化する意味でこそ大いに問題だと思います。にもかかわらず、この可能性をトランスジェンダー排除の論拠とするなんてありえません。そもそもこの主張、筋が通っていないんです。「「本気で愛していたんだ」と言い逃れをする結婚詐欺師がいるかもしれないから、自由恋愛に基づく結婚を禁止すべき」とはならないはずです。詐称の問題は、嘘をつかせない、嘘をつくことを許さないことによって解決されるべきであって、詐称されそう、と勝手に想定された性のあり方を現に生きている人を抑圧することによって解決されるべきではありません。

また、相手が同性なのをいいことにべたべた触るといったセクハラをするとか、そういうことはたしかにありますよね。けれども、それはトランスジェンダーであることに起因するものではなく、あくまでその個人の問題行動として捉えるべきです。

能町 やっぱりこういうことについては非当事者から言ってもらえるのが心強いです。そう、属性がどうであろうが犯罪は犯罪、個人の問題だと思うんです。それを一般化しちゃいけない。でも、TERFの人たちは一般化するんでしょうね。

森山 もちろんこれは、「個々のトランスレズビアンの人から受ける性被害なんて大したことない」みたいな話ではない。それは本当にしてはいけない、本当に駄目なことではあるんです。ただ、それはそのケース単独の問題であって、「トランス女性みんなが危険」みたいな話には、当然ならない。

もしこの論法が正しいなら、「世のなかの性犯罪の加害者の大半は異性愛男性だから異性愛男性は去勢」みたいな話が正当化されることにもなりかねない。それをおかしいと考えるのであれば、トランス女性の排除もおかしいんです。理詰めで考えればそうなるんですけど、引っ込みがつかなくなった人は、これを聞き入れてくれない。

能町 極論をたくさん出してくるんですよね。お茶の水女子大学が二〇二〇年度からトランスを受け入れますといったとき、作家の百田尚樹(ひゃくたなおき)が「よーし、今から受験勉強に挑戦して、2020年にお茶の水女子大学に入学を目指すぞ!」とツイートして批判されましたが、こんな差別的な冗談がTERFの人の主張を補強してしまう。

もっと過激だと、身体が男性で生まれた時点でもうダメなんだ、女性であるわけがない、ぐらいのことを言う人もいます。

森山 はい、います。

能町 身体を変えようが信じられない、加害のためにやってるんじゃないか、ぐらいの極論を言う人がいる。ここまで来ると、個人的には、こういう人とは絶対に接点を持たない、ぐらいの対策しか考えられないです。

森山 自衛のためには接点を持たない、というのも当然だと思います。本当に深刻な被害を受けることも珍しくないですからね。

さっきの「行き過ぎ」は不適切、と同型の議論なんですが、「極論」っていう表現もやめようと提案したいんです。だってそれは「論」じゃないから。「こういう極論ってどう思いますか？」って学生に聞かれることもあるんですけど、それが適切な根拠や論理展開に基づいていない、乱暴な他者否定になっている場合は、「これはそもそも論ではないので極論ではないです」と応答します。そういう交通整理をしないと、なんでも等しく検討の対象にしなければいけない、みたいな意識が働いて、むしろ議論が先に進まないんですよ。

能町 そっか。「極論」っていうだけで、正当性があるような感じになっちゃうんですね。

森山 そうなんです。極論っていうと「論」認定されてしまうので。さっき、「TERFの人たちの動機って何なんだろう」っていう質問がありましたけど、たぶん、素朴に偏見があるとか、「気持ち悪い」と思っているだけなのに、後付けで理由があるように見せているだけだとも思うんです。それに対しては、「知ったことか」って言い返すことも必要かなと。

森山 単純な言い方だと、「それって結局、あなたが「トランスは気持ち悪い」って言いたいだけだってことだと思うんですけど、私、トランスの人々を気持ち悪いと全然思わないんで、まったく意味がわかりません」って。「自分で飼い慣らせないだけの否定的な感情を「論」に見せかけて土俵に乗せる、そのやり方がすでにアンフェアだから、私はその土俵には乗らない」って言ってあげないと駄目だと思う。

——言い分を聞いたり、理解しようとするんじゃなくて。

能町 ああ、なるほど。

森山 乗らないですよ、そんな土俵。それこそ、隣国を見下したり悪く言ったりする人の動機って、まあ「相手の国が嫌い」ってだけでしかないじゃないですか。それをまともに論として取り上げても仕方なくて、「おまえの嫌いは知ったことか」みたいなふうに言うしかない場面って絶対あると思うんです。「動機とか理解してもらえると思うなよ」みたいな。

能町 先に偏見があって、後から理由をがんがん載せてる。

森山 だと思います。だから、「あんたがそれを言いたい気持ちとか知らんがな」と言うのも必要かなと。

能町 なるほどねえ……相手にもきっと一理あるから一旦話を聞こう、っていうのがあらゆる場面で正しいわけではない。

森山 「一理あるって思われたいんだろうけど、ないからね」と言うのも時には必要かなと思っています。私が好戦的に過ぎるのかもしれないですけど。

能町 いやいや。そのぐらい好戦的なほうがいいです。

森山 そもそも、私がここでその土俵に乗ってしまったがゆえに誰かが死ぬみたいなことってあると思うんですよ。「朝鮮人が日本人を殺したかもしれない」という発想は、実際に朝鮮人を直接的に死に追いやったわけです。[*4]「トランスジェンダーは女性の安全を脅かす」という事実無根の想像だって、それを「正しいかもしれない」と誰かが思ってしまうだけで、トランスジェンダーの排除や自死への追いやりを生み出してしまう。そう考えたら「トランス排除的な主張にも一理あるかも」なんて軽々しく言えないはずなんです。それを言えるのは、「その「議論」で自分が死ぬわけじゃないし」と思っているからであって、私はそんな無神経な側には与(くみ)したくないですね。

＊4　一九二三年に発生した関東大震災直後、在日朝鮮人に関する流言を信じた軍部、自警団や民衆らによって関東を中心に多くの朝鮮人、朝鮮人に間違われた中国人や日本人が虐殺された。犠牲者は全国で数千人に及ぶといわれている。

第4章

制度を疑い、乗りこなせ

「結婚」をおちょくり、「家族像」を書き換える

侮蔑語を「逆手に取る」こと

——ここまでお話をお聞きしてきて、クィアという言葉のイメージがだんだんつかめてきたと思います。クィアという言葉を使う人が増えていくといいなと思いますが、自分で使いこなすためのコツみたいなものはあるんでしょうか。

能町 つかめてはきましたが、自分で乗りこなすというか、サッと不自然でなく出すのはまだ難しいかもしれません（笑）。自称するのもまだちょっと違和感があるかも。

森山 たしかにクィアという言葉は、自分の言葉として使いこなすには難しいところがある単語のひとつだと思うんです。その理由を、私なりに少し整理してみてよいですか？　たとえば、クィアという言葉が使えるようになるのは、ゲイとかレズビアンっていう言葉が使えるようになるのよりはだいぶ難しい。どうしてかというと、クィアって、特定の人々のことを指すときもあるし、人の性質を指すこともあるし、関係性のあり方や性質を指すこともあるからです。あるいは、生き方や態度みたいなものを指したりもします。

能町 まだ私もうまく説明できないんですけど、LGBTのようにジャンルや属性を示す意味合いの言葉というよりは、もうちょっと心持ちの部分というか、態度とか姿勢とかのニュアンスがあるときに使える言葉なのかなって思いました。

森山 これまでお話ししてきたように、もともと、クィアという単語は、男性同性愛者に対する侮蔑語をあえて使って反抗していくっていう運動に紐づいていて、その態度がやっぱり核にある。それが意図的なものであれ、図らずも反抗になっちゃうというのであれ、そういう部分がクィアっていう単語の奥のほうにスピリットとして常にあるという気はするんです。

能町 「オカマ」という言葉もそういう使い方をする人がいますよね。あえて「私たちオカマは」って言う人たちって、主にゲイだと思うんですが、反抗心というか、侮蔑語を逆手に取っている部分がありますよね。

森山 「逆手に取る」ということは、そもそも圧倒的な力の差があるみたいなことが、その言葉に刻印されているわけですよね。で、その言葉に刻印されている非対称性を相手に突きつけるべきときには、オカマとかクィアっていう言葉が必要とされる場合もある。

他方、そういう非対称性があることを当然だと思ってコミュニケーションされると困る場合もある。たとえば公的な行政文書や学校教育のなかでは、オカマじゃなくてゲイを使いましょうというのは、それはそれで正しいわけです。そしてこのふたつの方針は、いつも緊張関係にある。

ただ、緊張関係にあるんだけど、どちらかに統一されればいいわけじゃないんです。今、この状況ではどっちのモードでしゃべったらいいんだとか、どっちのモードで書けばいいんだっていうところに問いがあるんです。

能町 そうですね。「オカマの私たちがさ」と言ってる人に対して、当事者じゃない人までそれにならって「あんたたちオカマは」って呼びかけるような、何もコンテクストを知らずに言葉を使ってしまう例もありますし。

森山 逆に説教してくる人とかもいるわけじゃないですか。「自分のことをオカマとか言ってるから駄目なんだ」とか、「それは自己卑下だよ」とか言われて。いや、自己卑下なのは百も承知で使っとるわ、って。マイノリティに自己卑下する自由を与えないのは、それはそれで差別だと思うわけですよ。マジョリティが見ていて「気持ちの良い」マイノリティであれ、と強制しているわけですから。

能町 「クィア」の場合、ちょっと難しいなと思うのは、そもそもの単語が浸透していないのでイメージ作りがしづらいのかな、と。

森山 まさしくおっしゃるとおりです。日本でクィア・スタディーズって言うと、そういうカタカナ語の研究分野があるだけだと単純に思われてしまう。「もともとかなりひどい侮蔑語だった」ということがうまく伝わらないままクィア・スタディーズが輸入されちゃった側面はありますね。

能町 私も正直、クィアっていう言葉のそもそもの侮蔑的なニュアンスはわかっていないです。そこを踏まえるのはなかなか難しいですね。

森山 大学の授業でも、「強い差別に対する意図的な反抗」みたいな思想抜きにクィア・スタディーズの話をすると、「セクマイに対する行儀の良い、倫理的な立場の集積＝クィア・スタディーズ」みたいに伝わってしまうんですよね。まったく逆で、もっとはっきりと喧嘩腰であったり、論争的であったりする態度が真ん中にある。その態度をクィアっていう言葉が一身に背負っている感じが伝わらないのは嫌だなっていう気分はあります。「反抗心あっての物言い」だと知らないと、自分のことを「オカマ」って呼んでる人とか、「ホモ」、「レズ」って呼んでる人がやっていることを、差別の内面化としか解釈できなくなっちゃうんですよね。

能町 この話をするときには、いつもレイヤーがたくさんありますね。一番シンプルに言葉を捉える表層のところと、それをもうちょっと深掘りしたところと、さらにそれを俯瞰(ふかん)して見るところ……抽象的ですが、三層か四層ぐらいある気がする。それを丁寧にめくっていかないといけない。

森山 レイヤーを適切に行き来するっていうのが、たぶんクィアという言葉を使うときに必要とされている力量だと思うんです。

能町 私たちは当事者でもあるし、当事者が身近にいる環境でもあるので、どこでどう言葉を使うかは経験によって当たり前のようにわかっている。でも、なんでわかるのか、どうしたらわかるのか、ということを説明するのって難しい。このときはこうじゃないといけない、っていう感覚を磨くのは、やっぱり、経験と知識ということになるんですかね。

森山　「クィアという言葉はもともと強い侮蔑語でした」というのはたしかに知識なんですけれど、これを知っているだけでは「クィア」な感じにはならないんですよね。「そういう言葉を使ってでしか言いようがない経験がある」ことを知ったうえで、「そういう言葉を使ってでしか言いようがない！」と思うセンスを培う、みたいなことが必要になるのかもしれません。

クィアを使うための三本柱

森山　何らかの対象に対して「それはクィアだね！」って言うときは、そういうセンスを感じる、みたいなことを言いたいんだと思うんです。なので、このセンス、物の見方をつかむと「クィア」という言葉が使えるようになる。使えるようになれば、クィアという言葉の核を捉えたことになると思うんです。

この核をどう説明しようか考えるなかで、「クィアは三本柱だよ」と伝えるといいのでは、と考えるようになりました。授業でもこの説明の仕方を使っているので、ちょっとここでもその説明をやってみてよいですか？

――よろしくお願いします。

森山　一つは、いろんな人がいて、いろんな人の違いを違いとして保持したまま一緒にやっていくというニュアンスがあるということ。たとえば、レズビアンとゲイとか、同性愛者とトランスジェンダー、あるいは黒人とセクシュアル・マイノリティとか、そういった人々が連帯していく、というイメージがクィアにはある。

それはLGBTという言葉がつくられたことにも関係しますし、HIV／AIDSの問題を経由して、いろんな人がいろんな立場で困っていることを踏まえて一緒にやっていくみたいなことを経験したことにもよるでしょう。違いを一緒くたにまとめてしまうのではなくて、違いを忘れないで一緒にやっていくのが大事だよね、という見方です。

だから、「私たち、みんな生きづらいよね」みたいに、ぼやっと「みんな一緒」と言ってしまうのはクィアからはすごく遠い。BLMに対してALM（All Lives Matter：BLMの高まりと同時に生まれた「大事なのは黒人だけでなく、みんなの命だ」という意味が込められたBLMへの対抗的スローガン）とか言うのは全然ダメなわけです。それってやっぱり白人が黒人の主張を無化しようとして言っているわけですから。こういう考え方はカラーブラインド（color-blind）と言われて、批判もされています。必要なのは、違いを忘れず、無視せずに一緒にやっていくことなんです。

二つめは、「アイデンティティをプロセスとして捉える」という態度です。人が変わっていくとか揺らぐことをきちんと考えよう、というのがとても重要なんです。たとえば、HIV／AIDSの問題って、「私はゲイです、そのことに誇りを持っています」と言っても解決できないですよね。特定の一貫したアイデンティティがあることには、意味があるときもあるんだけど、いつもそうではない。にもかかわらず一貫したアイデンティティみたいなものを前提としてしまうとすれば、それは問題の解決にもつながらない、揺らぐアイデンティティのあり方を無視することにもなる。そうではなく、アイデンティティが一貫しなかったり、定まらなかったり、揺らいだりするっていうことを、軽視せずにちゃんと考えることが必要で、この態度を指してクィアと呼ぶ側面があります。

三つめは、「喧嘩を売る」性質、好戦性みたいなものですね。さきほども話したように、クィアという言葉を冠するということは、「私たちは逆手に取るぞ」っていう宣言でもある。貪欲に、あるいは必要であれば喧嘩腰で、こっちから利用してやる、みたいなニュアンスがある。

能町 森山さんと話していて気づいたのは、クィアというとすべて性にかかわる話かと思ってしまうんですが、そうでもないんだな、っていうことです。

森山 はい。そもそもクィア・スタディーズ自体が初期の頃から、性に関する事柄以外の要素を多分に含んでいました。クィア・スタディーズの最初期の最重要論文のひとつ、テレサ・ド・ローレティスという研究者が一九九〇年に書いた「クィア・セオリー」のなかでは、人種の問題が大事だとかなり力説されています。この論文は、人種の問題を性の問題と切り離さずに考えるべき、というマニフェストにもなっているんです。

――セクシュアル・マイノリティのなかで、たとえば人種差別も重なってしまうことで二重に

差別される、「二重差別」という言葉を聞いたことがあるのですが、これはどういうことなんですか?

森山 質問を土台からひっくり返すような返答にはなるんですが、そもそも二重差別という考え方は不適切なのでは、という議論をさせてください。二重差別って、「別々の差別が折り重なっている」というイメージを表した言葉だと思うんですけど、むしろ別々ではない、っていうのが大事なポイントだと指摘されるようになってきているんです。

たとえば同性愛差別と女性差別を別々の差別と捉えると、「レズビアンは二重に差別されている」という表現が可能になると思います。でも両者は別々ではなくて、同性愛差別というのは女性差別を前提にしているし、女性差別は同性愛差別を前提にしている。両者が相互に依存した状態で差別的な構造全体が成り立っているんです。だからこそ、そもそも「二重」という言葉が前提としているような分離はできない。こういう考え方を「インターセクショナリティ(交差性)」と呼びます。

――同性愛者差別が女性差別と相互に依存しているっていうのは、どういうふうにつながっているんですか?

森山 アメリカの英文学者であるイヴ・コソフスキー・セジウィックが述べた「ホモソーシャル」という概念が、この相互依存を指す言葉のひとつです。異性愛男性同士が互いの結びつきを確認するふるまいって、たとえば女性の主体性を互いに否定し合っているということを確認する身振りでもある。この身振りは、「男同士の強固な取り決めと絆」を必要とするので、限りなく同性愛に近づいていきます。だからこそ、それが同性愛ではないことを示すために、ものすごくホモフォビック（同性愛者に対する差別や嫌悪のある）な発言を伴うわけです。ここでは、異性愛男性のふるまいが、女性差別と同性愛差別を不可避的に発生させている。セジウィックのホモソーシャリティ概念はこの構造を指すもので、女性差別と同性愛差別が同じコインの裏表であることを明らかにしたものだったわけです。

他の例も挙げてみます。たとえば同性愛差別と障害者差別が別物だとすると、同性愛者の障害者は二重に差別されていることになるかもしれません。でもよく考えてみると、同性愛とか障害って、どちらも「典型的な身体のあり方じゃない病（やまい）」としてずっと理解されてきたんです。

それ以外にも、同性愛をなぜ差別していいのか説明するときに障害者がメタファーとして使われ、障害者をなぜ差別していいのか説明するときに同性愛のイメージが流用されたりすることもよくあります。たとえば、なんだか優しい感じの障害者男性像ってあるじゃないですか。「男らしさ」の欠如したものとして障害者が表象されている。「男らしさ」の欠如した男を差別していい、ということを、私たちは同性愛者差別の実例を通じて学んでしまっているわけです。だから障害者も差別していい、と考えてしまう。このとき、同性愛者に関する人々のイメージが流用されて障害者差別が成立してしまう。

能町　たしかに、差別されるときにやり玉に挙げられる要素って、最終的に同じような点に行き着きますよね。たとえば私が欧米で暮らしたとしたら、セクシュアル・マイノリティとして、あるいはアジア人として差別される可能性がありますけど、アジア人としては、たとえば肌の色が違うとか、体が貧相だとか、言葉がうまくないとか、「欧米人の十全な自分から見て、足りていない、劣っている」から差別していい、となりますよね。セクシュアル・マイノリティとしては、やっぱり「女として自分たちより劣っている」から差別するんだ、ということになると思う。要素が交差しますね。

森山　はい。この考え方の不可避的な帰結は、当然「だから一緒に反差別の連帯をしていくべきだ」になります。個別の差別がいろいろとあってそれが複数重なる人もいる、というイメージから脱却すると、「私たち、もともと別々の差別の被害者だと思っていたけど、ある大きな構造によって苦しめられているんだから、一緒に問題解決していくべきじゃないか」と考えられるようになる。

能町　まったく別個のふたつの要素で差別されていると考えたら、Aという問題で連帯しているときと、Bという問題で連帯しているとき、違うグループになってしまう。そうなるとやっぱり活動しづらいですよね。全部が交差しているという考えのもとで連帯したほうがいいですね。

森山 「みんなバラバラだけど一緒にやっていくべきじゃない？」っていうクィア・スタディーズにとって、こういった連帯のかたちは重要です。インターセクショナリティの発想は、クィア・スタディーズととても折り合いがいいというか、後者は不可避的に前者の発想を持っていると言える。

ただ、この発想はクィア・スタディーズの外からは見えていない。フェミニズムに関してもそうだと思います。これらの学問を知っている人には「性の話だけしていてはダメ」というのは共通認識なのですが、外側からは「性についてだけ検討している学問」に見えてしまう。ここは内外の温度差を解消していきたいなとは思います。

能町 私もその視点は乏しかったです。

森山 もちろん、いつも連帯が幸福な結末に至るとは限りません。連帯のなかで、互いの利害の違いが見えてしまって衝突することはある。しかし、少なくとも私の信頼するクィア・スタディーズの研究者やクィア・アクティビストの人たちは、その衝突を生産的に乗り越えていくしかないとみんな思っていると思います。

能町 クィアの話をしていると、自然と性以外のところにも話題がはみ出していきますよね。今回お話ししているいろんなトピックが全部クィアという言葉に結びついている、ということがだんだん私も印象としてつかめてきました。

森山 はい。クィアっていう言葉をつかんでもらうためのその印象を理解してもらう必要が大きい。みんながこの言葉に賭けたい気分があるから、辞書に一、二行で書かれるような「定義」だけではなくて、その気分もつかんでほしいんですよね。むしろそれこそがこの言葉の本体、という感じすらします。

結婚という制度をおちょくってみた

森山 クィアの三本柱の話をちょうどしたところなので、その三つめ、既存の制度に背を向けて否定したり、もしくは利用してやる、という姿勢に関して能町さんとお話ししたいことがあるんです。僕は、能町さんの「結婚」の実践もクィアなんじゃないかと思っているので、その話をぜひしませんか。

能町さんとゲイ男性であるサムソン高橋さんの、性愛関係を伴わない結婚生活を描いた『結婚の奴』（平凡社、二〇一九年）を読んで、結婚制度をジャックするような小気味良さを感じました。と同時に、そこにはシビアな格闘の様相もあったと思います。制度の強大さをしかと見据えて、したたかにそれを乗りこなしていく、そんな印象をこの本のなかの能町さんからは感じました。能町さん自身は、この本に書かれているような結婚生活について、ご自身でどのようなものとして認識していらっしゃいますか?

能町 自分の生き方全体がおおむねそうなんですけど、私のやりたいことって、とくに世間においで名前のないことなんです。「私がやろうとしていることは、どうやら世間一般でいうところに近いから、そこに当てはめておこう」って、後付けするパターンが多いんです。私はトランスっていうことになっていますけど、これも「トランスジェンダーとして生きよう」と思ったわけじゃなくて。こういう生き方になった結果、これは世間ではトランスってことにしておけばわかりやすいからまあいっか、っていう感じです。

今の「結婚」と呼んでいる生活も、別に、同居でもルームシェアでも、タイトルはなんでもいいんです。でも、結婚って言ったほうが大げさな感じがするし、人がちょっと驚いてくれるし、何かと利用しやすいからそうしよう、っていうところがあって。結婚っていう制度を……解体というか、ちょっとおちょくりたいというか（笑）。

森山　うんうん。

能町　そもそも自分は恋愛というのもなんだかピンと来なくてうまくいかないし、となると結婚なんかできないだろうなあ、という考えが前提にあったんです。でも、他人が誰かと暮らしているという点では、結婚がうらやましかった。私は一人暮らしが長くなってどんどん生活が怠惰になっていって、人と暮らせば他人の目を気にしてもう少しちゃんと生活できるのになあ、と思っていたので。

それである日、恋愛を経ずに「結婚的な生活」をするにはどうしたらいいだろう、って具体的に考えたんですよね。まず女友達はどうか。となると、ここは私の心の狭いところなんですけど、私は仮にその女友達に彼氏ができて同居解消ということが起こったら、たぶん関係性が悪化するだろうな、と思った（笑）。だから、恋愛関係にもなりえない、相手に恋人ができても裏切られたと感じたりしない、という条件で考えてみる。すると、ゲイならいいんじゃないか……って、あまりに勝手な考えですが、そう思いつきまして。

それで、一緒に暮らしても話が合いそうな人ということで、薄い知人だったサムソン高橋さんに狙いを定めて、こういう意図を全部言って、一応同意を得られたんです。

森山 自分の欲求は我慢せず、でもそれに相手を不当に巻き込まない、という一線が引かれている感じが心地よいですね。高橋さんが承諾したのもその点に安心したから、という気がします。

能町 世間的には奇妙な形態だけど、これを「結婚」にするけどどう？　これでも「結婚」って認めてくれます？　世間よ、さあどうだ！みたいな感じでした。

本当は思い切って法的にも結婚しちゃいたかったんですけどね。それは向こうに抵抗があったみたいなので「事実婚」です（笑）。サムソンさん側が法的に結婚したくない理由としては、もし病気になったら介護させたくないから……とか言ってましたが、真意はわからないです。でもまあ、向こうの意思に反するのはさすがに、と思ってそこまではしませんでした。私は婚姻届、出してみたかったですけどね。同性婚すら認めてないお役所が、法的には男と女だというだけで私たちは認めるのかと思うと面白くて。

制度があるなら、一番私に都合のいいかたちで制度に乗っかろう、っていうことをやったわけです。制度に縛られるんじゃなくて、制度を逆に乗りこなして利用してやるぐらいのほうが生きやすい人もいると思う。制度に反抗するのもいいですけど、自分主体でいられたほうが私は楽なので。

森山 自分主体でいることを手放さない、制度に取り込まれない、というしたたかさが、能町さんらしくて素敵だなあ、と思います。実際にはそれってとても難しいことだとも思うので。

能町 そういえば、同性婚を求めている人たちって、まず第一に実務的な問題、お金のこととか、病院で見届けられないこととか、そういった点をクリアしたいというのがあると思いますけど、こういう理由だけじゃなくて、結婚という認められた制度への憧れによってそういったかたちを取りたい、と考える人も多いものですか?

森山 多いって言っていいのかわからないですけど、結婚の持つ象徴的な意味みたいなものをとても重要視する人はいますね。

もちろん個別のニーズとか、個別の権利に関しては、たとえばパートナーシップ制度(各自治体が「結婚に相当する関係」と認めて証明書を発行する制度。病院での付き添いや公営住宅に同居可能など、自治体によって受けられる社会的サービスはさまざま)で代替できるものもなくはないです。あるいは、パートナーシップ登録をしなくても、病院のスタッフが事情を知っていれば、パートナーとして面会が許されることもあります。だから、結婚という制度を使わないとできないことが、そんなにたくさんあるのかと言われたら、そこまではないのかもしれない。
他方で、とはいえ結婚というものが社会のなかでとても重要な何かだと思われていることも事実なので、それが同性カップルだとできないっていうのは「二流市民」扱いでしかないのでは……というように、象徴的な意味合いを結婚が持ってしまう側面もあります。

能町 たしかにふたりでいることを世間が証明する理屈、理由付けみたいなものって、結婚という制度以外ないから、それを求めるのはそんなにおかしなことじゃないですね。

森山 最近では「同性婚」ではなくて、「婚姻の平等」と言ったりもします。同性カップルでも異性カップルと平等に婚姻できる、というのは、必ずしも個別のニーズや権利を獲得する話に還元できない。もっと抽象的な尊厳をめぐる議論というか、異性カップルと同性カップルが差をつけられない、そういうことが大事なんだ、という感覚に焦点化した言葉遣いだとでも言えるでしょうか。

能町 たしかに「同性婚」って言うと、結婚のなかの特殊な事例という立ち位置に感じちゃいますね。「婚姻の平等」って言うと同じ平面上に並ぶ感じがする。枠組みから疑うという姿勢はクィアっぽいですね。

森山 同時に「そもそもそんなに結婚が偉いのか」みたいな、クィア・スタディーズ研究者の考え方の習い性にも思える感覚が私にもあります。

能町 それもわかります。私も、結婚っていう制度自体がそもそもどうなんだ?っていう活動をしてもよかったなと思います。

私の知り合いで、そもそも同性婚ってやらなきゃいけないのか?と言っているゲイカップルがいます。結婚して、制度として認めてもらったほうがたしかに世間で生きやすくなるのかもしれないけど、婚姻届という書類一枚によって世間から保証されるそのこと自体がどうなんだ、みたいな。それはある意味、私の考え方とも結びついてますね。

森山 もともと一九七〇年代の同性愛者の社会運動では、結婚って異性愛中心主義の最たるものだからそんなものを求めるなんてありえない、という感じだったんですが、HIV/AIDSの問題を経由することによって、「入院したときに面会もできないじゃん」みたいな、そういう具体的なニーズが発見された。そのニーズを獲得するために同性婚や婚姻の平等が目指されるようになったんです。だからこそ、婚姻の平等をめぐっては立場の相違も残り続けています。

たとえば同性愛者の議論のなかには、「継続的に特定のパートナーと一緒に安定した生活をできるのってある程度恵まれた層だけだから、結婚の推進って上澄み同性愛者だけがさらに幸福になる一歩でしかない、こんなことを求めていたんだっけ?」みたいなものもあったりするんですよね。

能町　あー、なるほど。ちょっと話は違いますけど、私も、結婚式での「生涯、愛することを誓いますか？」って、茶番だなって昔から思うんですよ（笑）。誓わなくていいよ、って。

森山　茶番ですよね。

能町　ある決まったパートナーと、ずーっと何十年と添い遂げることこそが至高の人生である、みたいな価値観自体を私は問い直したいですね。取っ換え引っ換え毎年彼氏違うとして、それの何が悪いんだ、って。

森山　そうですそうです。僕自身は特定のパートナーとずっと長く一緒にいますけど、それでも特定のパートナーと長く添い遂げているのがいいことだって言われるの、本当に嫌なんですよね。「長く続くのがまともな大人」とか言われるのは耐えがたい。そのレールに乗せられることに対する根源的な拒否感が、自分のなかにあるんです。「世のなかの「まとも」の基準に沿って評価されるぐらいなら、まともじゃなくてキモいやつって言われるほうがまだマシ」みたいな。

能町　（笑）。

森山　「あんたにまともだって言われたらおしまいなのよ」っていう気持ちを捨てたくないっていうのは、常にあるんですよね。

しかも結婚の場合には、そういう特定のライフスタイルに制度上の保護とかが積み重ねられるので、ますます非対称性が高まる。

能町　「結婚」はちょっとした権力ですもんね。私も常々、結婚ということにこんなに価値があるのがそもそもよくない、って思ってます。「結婚してなきゃダメ」という世間の受け止め方が変わって、結婚をしなくても、パートナーシップでもなんでもいいですけど、入院したときに後見人になれるとか、親として子供を育てられるとか、そういったことがどんどん認められるようになって、結婚というものの価値がどんどん下がっていけば一番いいのにって今は思ってます。

森山　結婚って、結婚に伴うニーズの充足や権利保障と、社会的に承認されることがくっついた営みであるがゆえに、いつもいろいろな葛藤が起こってしまう。権利はほしいけど、「一人前の人間」「立派な大人」とみなされたくないから結婚は拒絶しますとか。あるいは、婚姻の平等による社会的承認っていうのは、一対一の性愛関係以外には与えられないから不当だ、とか。他方で、こういった問題性はわかっているんだけど、権利をなんとか保障させるためには結婚制度を獲得せねばならないっていう人もいて、その気持ちもよくわかる。

結婚制度を解体すべきだとはっきり本気でおっしゃっている方はいっぱいいますし、僕もその考えにシンパシーを感じるところがあります。ぶっちゃけ、あと一歩すれば、僕の生き方って、制度に包含(ほうがん)されるわけじゃないですか。同性カップルの結婚が認められれば、その制度を利用できてしまう。でもそんなに簡単に抜け駆けしていいのかっていう気持ちがあって。

能町 同性婚できたね、よかったね！で終わらせるなよ、みたいな？　うん、たしかにそれだけでは、ラスボスを倒してないような感じがする。

森山 はい。やっぱり、なんていうか、「婚姻の平等が認められました、万々歳」っていう話には、個人的にはならない気がしています。取りこぼされる人がいたり、その人たちを押しのけて自分だけがいい思いをしてしまえるんじゃないかっていう気持ちが、正直、私にはあります。

なんで友達同士で結婚しちゃいけないの？

森山 二〇一九年に日本語訳が刊行された『最小の結婚――結婚をめぐる法と道徳』（エリザベス・ブレイク著、久保田裕之監訳、白澤社）という本がありますが、この本のなかに出てくる概念に、アマトノーマティヴィティというものがあります。日本語に訳すと性愛規範性。（性別の組み合わせに限らず）性愛の要素を含んで一対一で成立しているカップルが素晴らしい、それこそがいい生き方だみたいな考え方を指します。この本のなかでは、アマトノーマティヴィティがよくないなら、結婚制度を組み替えて、友達同士が一対一でも結婚できるようなタイプの制度に変えちゃえばいいのではと書かれています。

能町 あ、それは、私がやっていることとすごく近い。

森山 そうですね。「なんで友達同士で結婚しちゃいけないの？」と言いますか。『最小の結婚』の面白いところであり議論を呼ぶところは、「じゃあそもそも結婚制度をやめればいいんじゃない？」っていう方向には行かないところなんです。

本のなかでも、その正当化に言葉を費やしています。「結婚やめちゃえば」って言うかもしれないけれど、そんなことをしたら教会や結婚産業が狭い「結婚」のかたちを自由に決めてしまえるので、不平等は解決しませんよ、とかですね。なるほどと思うと同時に、でもやっぱり結婚制度はいらないのでは、とも思ってしまいますけど。

能町 二〇一七年、アイルランドで、同性愛者ではないふたりが同性同士で婚姻、結婚した例がありましたね。年の差がある友人同士で、年下の方は経済的に苦しくホームレスの経験もあり、年上の方は介護が必要な病気になり、お互いに助け合うかたちで暮らしていた。年上の方は年下の友人に家を残してあげたいけれど、このままだと相続税がかかって、結局手放すことになる。そこでまた別の友人が「結婚すればいい」と助言したらしくて。

ふたりにとって都合がいいから「結婚」とする。結婚制度というものがあるからみんな結婚という手段を取らざるを得ないところはありますが、これはまさに最小の結婚ですよね。

森山 それは異性のあいだでもあっていいことですよね。でも、そうはたぶんなっていない。日本人男性と外国人女性の結婚が「日本に在留資格を得るための偽装結婚」だと詮索されることがありますよね。愛がない結婚、結婚制度の目的外使用は禁じます、といった規範はとても強いですね。規範が強いだけじゃなくて、そのことによって実際に生存を脅かされる人もいる。誰が結婚の「目的外使用」ができるのかも、平等ではないんですよね。

能町　日本人同士だったら別にいいか、ってなるところ、他の条件が入ってくると途端に余計な詮索を受けますよね。

森山　場合によっては捜査されるかもしれない。不法滞在を疑われるみたいなこともありえるわけですから。

——それだと、愛がないけど結婚している日本人カップルとの違いとか、また別の問題が浮かび上がってきますね。愛って測れるのかとか。

森山　そうですね。もちろん愛は測れないので、何で測るかというと、法律上は居住実態みたいなもので測るわけですよね。事実婚がありえるのは、生活実態があるからみたいな。そういうところで測ろうとすると、一緒に住むこと、一緒に生活をしていることみたいなところが重要なポイントになってくるのかな、とは思っているんですけど。

愛があるとか、生活があるとか、子供だとか、いろんなぼやーっとしたものが、なんとなく薄くつながりながら結婚になっているっていう感じがありますよね。

結婚にあらゆるものを乗せていく

森山 もともと結婚制度の側にある歪み（ゆがみ）が、結婚のレールに乗っている人には見えないんだけど、乗れない人とか乗りたくない人には、そもそもなんでそんな雑多なものを重ね合わせてひとつの制度にしてしまえるのか、と思えてくる。

能町 そうですね。結婚にいろんなものが乗り過ぎです。

森山 結婚にいろんなものが乗り過ぎていることに対してどうするか。その方策は、たぶんふたつあります。ひとつは、結婚っていう制度を壊す。もうひとつは、結婚っていう制度にありとあらゆるものをどんどん乗せていく。乗せて薄めるみたいなほうもあるのかなと思っていて。

能町 乗せるっていうのは同性婚とか、友達婚とか、ふたりではない結婚とか？

森山 そうですね。カップルじゃないあり方を乗せていくほうが、受け入れられやすい気もしています。

この前、朝日新聞から二〇三九年の新聞記事を想像して書く、みたいなものの取材協力を受けたときに僕のアイデアが採用してもらえたんです。同性婚からさらに拡大されて、「性愛関係に基づかない複数人が届けを出すことができるようになりました」って。「家族登録届け」を出すことを可能にする、家族契約法という制度が二〇三九年にできます、という記事を記者の方がうまく書いてくれました。男性三人がその制度を利用して、そのうちのひとりには息子がいるので、息子はサッカーしてくれる相手が三人に増えてうれしいっていう記事になりました。[*1]

能町 その制度は理想的ですね。そういうことがあればもう同性婚という概念すらなくなるかもしれない。

森山 カップル以外の関係性がどんどん乗るかたちで、もう、もはやそれを結婚と呼ぶ意味があるのかわからないけれど、どんどん乗せていって、もともとあった結婚観を薄めていく。制度を壊すか、いろんなものをどんどん乗せて薄めていくか、どっちが好きかは好みですし、どっちから行っても同じ結果になるのかもしれないですけど。

能町 制度を乗りこなす手段を取っている人って、すでにけっこういますよね。ゲイカップルが、片方の養子になったりするじゃないですか。言い方は悪いけど、あれも養子制度の便乗ですよね。養子という制度がうまく使えるから、乗っかって解体しているともいえます。

「家族」を見直す

森山 結婚と同様に、「家族」というのもなんだかいろんなぼやーっとしたものが、なんとなく

＊1　Panasonic×朝日新聞『未来空想新聞』(二〇二二年五月五日発行)

つながりながらできあがっている感じがありますよね。僕自身は自分のパートナーとの関係を「家族」と呼ばれることにかなり強い抵抗があります。なんだか、「長期間の安定した絆」賛美、みたいなものに動員させられてしまった感じがして。仲良しだったり、互いを支え合ったりするという性質を、「家族」という言葉に回収されたくないと言いますか。逆に、「家族」だからって「仲良し」「お互いに無条件で支える」「生まれたことに感謝する、恩返しする」なんてまっぴらごめんだ、という方向から家族規範を批判する人もいますよね。

能町 その話で思い出したんですが、FtMトランスジェンダーの杉山文野(ふみの)さんとパートナーの方のあいだに、親友であるゲイの方の精子を使って子供ができたんですよね。

二〇一八年十一月に出産して、元女の人と女の人のあいだに子供ができました、みたいにちょっとセンセーショナルな感じの報道になったのかな。本人たちは幸せそうですし、そのことに文句をつける気はもちろんないですけど、制度的だな、とも思って。

なんだろう……いわゆる、今まで綿々と受け継がれてきた「家族の幸せのかたち」みたいなものを成就しているということに私はモヤモヤがあるんですよ。彼ら彼女ら三人はそれを求めていたから、そのことに文句を言うのは筋違いだとは思いつつも、みんながいわゆる伝統的な理想の家族像みたいなものに近づいていくことに対して抵抗も感じます。

森山 今の例も、本当は、「普通」から離れていくっていうところに希望を見出すみたいなかたちに入れてもいいケースに思えます。たとえば、精子提供したゲイ男性の人は、精子を提供しただけでこの家族にはかかわりはない、っていうんじゃなくて、杉山さんとパートナーが子供を育てることにかかわってもいる。伝統的な意味での家族のメンバーではない人が子供を育てる、違う仕方でかかわるという意味では、普通の家族のあり方を見直す契機になっているはずなのに、その見直す契機になっているところは記事では取り上げられない。で、「よき家族のかたちをこういう「変わった人たち」でも作れました」みたいなストーリーになってしまう。

能町 ああ、たしかにそうだ。報道の視点がそっちを向いてますね。

森山 それがすごく嫌なんですが、しかし上手にそのことを表現しないと、その新しい人間関係のあり方を発明した人たちを非難しているみたいになってしまう。お子さんがほしいと思って、その当事者たちがみんなで合意できるようなベストなかたちを新しく発明したっていうことを否定したいわけではないのに。

能町 家族も、結婚と同じように考えられますね。家族にいろんなものを乗せることで薄めていくこともできるし、家族っていうもの自体を解体していくこともできそう。

森山 まさしく、『家族、積みすぎた方舟——ポスト平等主義のフェミニズム法理論』（マーサ・アルバートソン・ファインマン著、上野千鶴子監訳、学陽書房、二〇〇三年）という本がありましたね。家族ってなんかよくわからないけど、本当にいろいろ積みすぎているんですよ。セックスやら子育てやら家事やら家計やら介護やら。

その積み荷を下ろすのか、積み荷をどんどん乗せていって、もはやそれが家族という名前の舟であることに意味がないようにしていくっていうのもありえるのかなと思うんですけど。基本的に積んでいくほうが、しれっとできるからけっこう成功している、という印象があるかな。

能町 やっぱり「解体」って言うと、強く抵抗されそうですよね。積んでいくほうがバレない(笑)。その態度もちょっとクィア的な感じはします。

森山 しれっと積みながら、「両親と未婚の子供が生活を共にして、将来は結婚した子が親を介護して」みたいな「普通の家族」像を書き換えていくっていうのはありえると思います。

いろんなものが「家族」でありうる

森山 家族って、恋愛関係にある人とは別みたいに言われることもありますよね。ゲイのカップルの片方の人にインタビューしたりすると、「彼はもう恋人じゃなくて家族みたいなもんだから」ってしばしばおっしゃったりするんですよ。

能町 ああ、言いますね。

森山 さきほど述べたように私自身はその言い方は好きではないんですが、他方そうおっしゃる方のリアリティもとてもよくわかって。恋愛の話のところでも、真の恋愛なるものは結婚の外にあると言われていたと話しましたが（117ページ）、なんか家族って、恋愛関係で結ばれているふたりとは違うフェーズのものとして捉えられていて、また違う意味合いも帯びたりしているんだなって。

能町 そうですね。血縁があるせいで縛り付けられる、という悪いイメージもあれば、なんだかしょうがないけど腐れ縁のようにつながっちゃってる、みたいなポジティヴな意味で捉えられることもありますね。家族のイメージは、血縁とかまったく関係なく、後者のほうが好きですね。

森山 あるゲイの人が、ゲイコミュニティそのもののことを「家族」だと言っていて、聞いたときに衝撃でした。でも、ちょっとわかるとも思ったんですよね。縁もゆかりもないし、なんなら生涯一度も会わない人たちもたくさんいるんだけど、私たち何かを共有しているよねっていう感覚がその人に向かって及ぶ、みたいなものってたしかにある。ものすごく巨大な「家族」なんですけど。

能町 とんでもなくでっかいですね。でも、英語にして「ファミリー」と言えば、たしかにそういう大きなまとまりを表すことがありますよね。

森山 「家族」っていう言葉って、いろんな使われ方をするんだなって、素朴な感慨を覚えたことがありました。

能町 結婚とか恋愛にくらべると、家族のほうが一般的にも捉え方は広いですよね。血縁の家族もいますけど、一緒に住んでいたり、ちょっと仲いい人で集まったりすると、「もうここは家族だから」みたいなことをけっこう軽く言える。冗談や誇張でもなく、心から言える単語になっていると思います。

最近の話で、私が好きな例があるんですけど。ある若手芸人が、女一人・男三人で共同生活をしていたんですね。その話がテレビに取り上げられたときに、そのメンバーであるオズワルドの伊藤俊介さんは、そのまとまりを「家族」って言ってたんです。その生活は、シェアハウスと言えばそれまでなんですけど、時には誰かが料理を作ってくれたり、大きなお笑いの大会があるときは出場する人のことを励まして番組を一緒に見たりと、お互い基本的には独立してるけど、ゆるやかにまとまってもいる。伊藤さん自身もこの家族がすごく好きだと言っていたんですが、私もその感じがすごく好きで、この家族いいなあ、って思ってて（笑）。

今はこの生活は解消されていて、このなかのふたりが恋愛関係になってもいるので当時とはだいぶ状況が違うんですけど、それでもあのとき見た「家族」のような適度なうすーい結びつき方が広まっていったら、家族っていい言葉になっていきそうだと思います。

森山 それこそ、もっといろいろ積んでいくことによって、いろんな家族がありうるっていうふうに示すこともできると思います。

……いいなっていう基本線を、強く肯定したうえで、やっぱり僕自身に関しては、自分のパートナーと恋人との関係を「家族」って言われることに抵抗したい気分があって。なんか、「家族っていう感じだから受け入れるんだ、この人」っていうのに抵抗したいんですよ。

能町 ああ、なるほど。世間が「家族なんだね」って言っちゃうことに対して。

森山 「家族」なんだねって言うとき、「今はともかく、でも僕はこの人に性欲を抱いたことがあって、この人も僕に性欲を抱いたことがある」みたいなことが、抜け落ちていくような気がして……。

能町 素朴なものになりすぎちゃう?

森山 はい。なんかきれいな部分だけを取り出して、素敵な関係性、「家族」って言われることに対して、いや、でも異性愛者とは違うからって言いたい気分があるんです。

能町 ああ、ちょっとわかってきました、その感じ。私の今の同居人も私も、森山さんとは状況が違うけど、しれっと「家族なんです」とは言えない何かがあります。結婚とは言い張ってるのに(笑)。私たちの場合は、性愛感情も恋愛感情もなくて、言ってみれば単なる友達。私はかなり遠回りをしてあえてこの関係性を「結婚」と呼んでいるのに、結婚した自分たちをそのまま「家族」と呼ばれるのは、それまでの複雑なプロセスを無視された気がするんですよね。私たちを「家族」と呼ぶ人は、いろんなものをすっ飛ばして、ふたりが素朴に仲良く楽しく暮らしているイメージだけを過剰に抱いている気がする。

森山 「家族はかけがえのないもの」って、考えてみると矛盾していると思うんですよ。本当に唯一無二の、他にはありえない関係性なら、誰にでも使えるような「家族」という言葉で表せるはずがないのでは、というか。個別であったり、普通と違ったりする、この関係性というもの、私がそこから何かを受け取っている、そのよきものを受け取っていることを、家族っていう、なんだろう……のっぺりとした言葉に置き換えられると、すごくカチンとくるんですよね。家族という言葉のポジティヴな側面を、僕は僕のパートナーとの関係に感じてもいるので、文脈によっては家族と認めてもらえることがうれしいときもあるんですけど。

……この対談では「そっちとこっち、どっちも同時にここにあるんだってことを理解してくれ！」とずっと叫んでいる気がします。

能町 うん。私たちは、話が単純な公式にされそうになるといちいちぶった切って、「そんなにシンプルじゃない、こんな例もあるんだよ」という混ぜっ返しをずっとしていると思います（笑）。それこそがこの対談の良さだと思います！

住むことってなんだろう？

森山 私は最近、「住むこと」が気になっていて、その大きな理由のひとつは、能町さんの本なんです。いろんな書き手の方がいらっしゃいますが、その人の生活が衣食住のどれを中心に組み立てられているのかなっていうのを考えてみると、能町さんって圧倒的に「住」の人だと思うんですよね。

能町さんの本で一番好きなのが『お家賃ですけど』（東京書籍、二〇一〇年）なんです。場所と、部屋のなかでも街でも、とにかく場所の描写が丁寧で美しいと感じるんです。場所と、そこにある、あった、あるいはあってほしい物、それこそ街にある牛丼屋とか鏡台の前の化粧品とか、そしてそれらに対するちょっとしたエピソードやそれにまつわる心の動き。これらが三位一体となっていつも丁寧に書き込まれている。そのことに胸が締め付けられる思いがするんです。あるいは『トロピカル性転換ツアー』（文春文庫、二〇一三年）を読んでも、病室の間取り、ベッドにいるあいだに見えている景色、ベランダに来る南国の鳥の鳴き声などの描写がさりげなく挟まれていて、能町さんが病室での暮らしを営んでいることがよくわかるようになっている。人によってはファッションとか、食へのこだわりからその人が見える人もいると思うんですけど、能町さんは住まいの人だなっていつも思っていて。

能町 うわあ、ありがとうございます。そうかもしれないですね、言われてみれば。

森山 この人の文章は住んでいるところの描写がいつも本当に素敵だなって感じたんですよね。『結婚の奴』も結婚に関する制度との格闘を描いた、あるいは制度をいなしていく経緯を

能町

描いた本としても読めるんですけど、能町さんが誰かと住んでいることの記録として読むと、なんか沁みるっていうか……。

前にも言いましたが、私は結婚したかったわけではなくて、第一の目標は「誰かと住む」だったんですよね。住み、生活するというのが目標。といっても家にいてくつろぐのが特別好きなわけでもなく、こういう言い方は照れくさいんですが、異なる一日一日が来るのをもっと楽しみたい、というか。一人暮らしをしているときはどんどんそこがおろそかになって、毎日がとても雑に過ぎていって、自己嫌悪に陥っていたので。

一人暮らしだと意外なことってあまり起きないんですけど、誰かと住むと、自分の意図しない物事が至近距離で起きるんです。私はそのあと猫を飼うことにもなりますけど、猫なんかまさに計画性がないから、毎日がさらに私の思い通りにならなくなっていく。それを感じると、たまらなく「生活しているなあ」って気分になります。

ただ、私はこの生活スタイルを選べたことを今は大成功だと思ってますけど、今後どうなるかなんて全然わからないとも思っていて。とても流動的に考えてます。それこそ「永遠の愛を誓った」わけでもないから、いずれは別れるかもしれないし。今がよくても、このままでずっとうまくいく保証なんかないので、精一杯の努力をしてこの生活を保とう、とまでは思ってないんです。

誰もがそつなく「ステイホーム」できるわけじゃない

森山　クィア・スタディーズって、「普通とは異なる人々が、ここにいるぞ！」って主張する意味で、「居場所」の話をいつもしているんです。だから、人が居場所に存在するということの基本的なありようである「住む」っていうこととも、ゆるやかにつながっている印象があります。結婚や家族の話に引きつけるなら、「家」というテーマにつながっている、と言い換えてもいいと思うんですけど。

能町　日本語では、家という言葉が建物も意味するし、家族や血縁のように逃れられないものもイメージさせるから、「家」という言葉にあまりいいイメージがない人も多いですよね。

新型コロナウイルス対策で言われた「ステイホーム」っていう言葉、私は好きじゃないんです。ステイホームというときの「ホーム」は、建物だけじゃなくて、家族のことも暗に意味している気がします。家制度大好きな人たちが言っているイメージがある。お父さんが働きに出るのは仕方ないけれど、お母さんと子供はおとなしく家にいなさい、みたいな規範に基づく新型コロナウイルス対策が、ものすごく狭い家族像を前提にしていた、ということはありそうですね。

森山　新型コロナウイルスと性的マイノリティにかかわる話題では、二〇二〇年五月、ソウル・梨泰院（イテウォン）のゲイクラブでクラスター感染が発生して、アウティングを恐れて偽名や虚偽の連絡先を残していた人々の捕捉が難しく、感染予防対策が困難になった、ということがありました。

北海道大学の斉藤巧弥(たくや)さんと芳賀恵さんという研究者によるこの事例についての研究発表を聞いたことがあるのですが、その際におふたりは、「こんなに危険なときだから家にいればいいじゃない」と言われるけれども、「家にいてハッピーになれる」とか「家にいてアンハッピーさを避けられる」のはそもそも誰なのか、みたいな問題提起をしていました。ゲイの人の「感染してもいいから、誰か自分と同じような人と会いたい」って気持ちを単純に否定しちゃ駄目だよねということだと思うんです。誰もがそつなく「ステイホーム」できるわけじゃない。

みんなキャバクラの人たちのことをどう思っているの?

森山 おとなしく「ステイホーム」しない人として批判されるターゲットもどんどん移り変わっていきましたね。夜の街でホストが危険って言われて、今度は喫煙所が感染場所なので喫煙者が危険と言われる。

能町 ターゲットをわざわざ人に設定したがるんですよね。

森山 そう。空間を通じて人がターゲットになるというのは、空間を共有して住んでいる家族という集団があることの裏側で、その外の「空間—人」を捕まえて感染を予防したり人々を統治したりする考え方がある。
「夜の街」という言葉が使われ始めてから、夜の街はまるで保護もされず、虐げられる一方になっていたように思います。給付金でどうにかなったのなんて一時的な、ごく一部のことでしょうし、大半のお店は営業しないと生きていけない。なのに、もうそこに行くこと自体が悪になってる。

能町　私は大相撲が好きだから大相撲の話になるんですが……相撲協会は本場所を挙行するために、とくに流行当初は不要不急の外出禁止という取り決めをぎちぎちに縛ってやっていたんです。こういう組織が、組織内の決まりとしてこういった制限を行うこと自体は許容範囲だと思います。でも、それを破ってキャバクラに通っちゃった力士がいたわけですね。[＊2] そのときの責められようが、私は見ていられなくて。

組織の規範を破ったことを組織内で責められ、ある程度の罰を受けるのは当然だと思います。でも、コロナ禍だっていうだけで、ファンや世間までキャバクラに通っただけの力士を悪し様に責め立てて、犯罪に加担したかのような叩き方をして、もう引退か、

＊2　幕内力士の阿炎が二〇二〇年七月場所中を含め複数回キャバクラに行ったことで、日本相撲協会の新型コロナウイルス対応ガイドラインに違反し、さらに虚偽の申告や同行者に口裏合わせを働きかけたことが発覚。師匠の錣山親方を通じて日本相撲協会に引退届を提出。三場所出場停止・五カ月50％の減俸の処分が下った。二〇二一年一月～五月にかけては、大関・朝乃山がキャバクラを頻回訪店。虚偽の申告をしたこともあいまって、阿炎より重い六場所の出場停止と50％の減給六カ月が決定した。

ぐらいに言われて……私はその力士よりも、みんなキャバクラの人のことをどう思ってるの?って悲しくなったんです。

キャバクラは普通に営業していて、それは犯罪でもなんでもない。でも、キャバクラ、ゲイバー、風俗店みたいな「夜の街」の人にどことなく嫌悪感を持っていた人たちが胸を張って「あんなところに行くなんて」「あいつらは悪だ」って言えるようになった感じ。

森山 ここぞとばかりに「夜の街」に対する反感をむき出しにする人はいましたよね。コロナウイルスを口実に、どんな規範を人に負わせるかという、コロナ規範大喜利地獄みたいになっていた感じがします。「コロナを理由に今度はこれを他人に強制しよう」という主張が大量に出回って、とてもしんどかったですね。

能町 でも実際、私もさすがにマスクを外そうとは言わないし、みんなで夜の街に行こうとまでは思わない。もちろんそれは、マスクをつけて、夜の街に行かないほうが感染しづらいと自分で判断してやっているんですけど。

だから、私がすごく嫌なのは、コロナ禍になってからこうして大多数の人が規範を守ってきたことで、権力に従ったほうが圧倒的にうまくいく、という雰囲気になっちゃったことですね。やっぱり日本の人ってすごく従順だから、それでコロナがあまり広がらなかったという部分はあると思うんです。だから「従順であることが良いことだ」に説得力が生まれてしまって、それが怖い。この状況だと、国家権力に従うべきだという無言の圧力がものすごく強くなるなあ、って。

コロナ禍や戦争が起こるなかで、市民を締め上げて管理する国のほうがうまくいく、みたいな感じになってる。もう、どうにか早くコロナ終わってくれって思います（笑）。

森山 たしかに新型コロナウイルスって、結局「普通の家族が楽で幸せ」っていう揺り戻しをすごく呼びましたよね。だから今こそクィアってちゃんと言ったほうがよくない？って思います。

なんとなく二〇二二年も後半になってきた現在（執筆当時）、新型コロナウイルスも落ちついたかなあ、人々も自由を謳歌できるようになってきたかなあ、という気がしますけど、これは世のなかの規範が変化したわけではなく、外的な環境の変化に過ぎないですよね。また感染者数が増えたとか、あるいは別の感染症が流行した場合には、規範の締め付けが強くなる可能性もあります。新型コロナウイルスの流行においては「ひとりは気楽」という意味で、「普通でなさ」にも一定の居場所がありましたが、震災などの場合にはそうもいかないでしょう。何か起こるたびにどうしようもなく狭い「普通」というスペースをめぐって、多くの人が一生懸命に、そこにいかに乗ったままでいられるかを競う。それって負け戦だなって感じるんです。

その狭い、「普通」というスペースに乗っからなきゃいけないというルールを根こそぎひっくり返すことだけが、私たちがみんなで幸せになるための唯一の道、みたいな感じがするんです。だから、「普通」をひっくり返そうよっていうクィアの発想が強く必要とされている気がします。

第5章
そんな未来はいらないし、
私の不幸は私が決める
流動する身体、
異性愛的
ではない未来

ずっとここまで対話を続けてきましたが、相手が誰であるかにかかわらず、こういった対話をするにあたって常に心のなかに引っかかり続けていることについて、森山さんにぶつけさせてください。

私はトランスジェンダーに分類されると思うのですが、こういった私のような者がLGBTやクィアについて考えるとき、矛盾をはらんでいると思える部分があります。

トランスにもいろいろなタイプがいると思いますが、私の場合は、女性として世間に「埋没」したい、つまり、かつて男性として暮らしていたということをいちいち明かさず、それがバレることもなく、ストレートのシスジェンダーとして……言わば「普通の女」として見られることを望むトランスです。私が特殊なわけではなく、おそらく大多数のトランスは埋没したいものであろうと思います。すなわち、マジョリティの「女」として暮らし（「女」自体がマイノリティだということはちょっと置いといて）、「自分がセクシュアル・マイノリティ（あるいはクィア）の当事者でなくなりたい」と志向することが、そもそものトランス女性の性質として含まれているということに矛盾を感じているのです。

また、大多数のMtF（FtM）は「女らしく（男らしく）なりたい」と思っています。そのため、社会的規範に基づく典型的「女／男らしさ」のジェンダーロールを人一倍重視してしまうところがあります。女は髪を伸ばすものだとか、男は体を鍛えるものだとか、女はこんな言葉遣いでこんなふるまいをするものだとか、男は下ネタを言ってガハガハ笑うものだとか……いや、こんなふうに「〇〇すべきだ」という要素よりも、実生活では「女／男はそんなことしない」という規範のほうが厄介かもしれないですね。たとえば、MtFが股を開いて座っていたら「やっぱり男だな」と言われかねないし、FtMがよく泣いていたりしたら「やっぱり女だな」と言われかねないでしょう。だから、自分の行動が男っぽくないか？　女っぽくないか？ということを過剰に気にするようになります。

つまり、トランスが自分の志向に沿って行動すると、ジェンダーフリー的な思想とは正反対のほうに突っ走っていくわけです。

こういうときに実例として挙げられる典型的「男らしさ」「女らしさ」と、クィア的な観点とはかなり食い合わせが悪く、私自身も消化できずにいます。「どんな女／男がいてもいいじゃないか。だから、この言動が男らしいか女らしいかなんて気にしないよ」という割り切り方には、今後も辿り着ける気がしません。私はどうしたって、私個人を知らない人にはいわゆる「普通の女」として見られたい。こういった矛盾についてどう考えるかお聞きしたいです。

能町みね子

「見える差異」に依存していていいのか

森山　お手紙、ありがとうございます。拝読して、これはクィア・スタディーズにおける「可視性」をめぐる議論とつながっているのでは、と感じました。

クィア・アクティビズムのなかには、そこにいないと思われてる人がいることを見せてやるという、可視化の戦略があると2章でお話ししました（129ページ）。エイズで亡くなっていく人がいるんだ、対策を取るべきだと訴えるために路上で死んだふりをする「ダイ・イン」が有名ですね。たとえば、東京レインボープライドにおけるパレードも、こうした可視化の営みのひとつと考えることができると思います。

もちろんこれらは大事なのですが、同時に、果たして「見せる」という営みにアクティビズムが頼ってよいのか、という問いもクィア・スタディーズでは考えられてきたんです。たとえば日本では、清水晶子さんというフェミニズムとクィア理論の研究者が、「見える差異」についての問題提起をなさっています。[*1] 清水さんが言及するのはレズビアンのいわゆる「女役」、ファッションやふるまいが女性的であるフェムの人についてです。フェムって異性愛者の女性と見た感じがそう違わない、つまり「レズビアンっぽく見えない」ので、可視性を重視する営みのなかでいないことにされてしまう場合がある。そこを清水さんは問題視しているわけですね。

それから、能町さんがお話になっているような「埋没」系のトランスジェンダーの人もいますよね。そういった人々を無視しない理論を作ろうとすると、「見せる」を丁寧に考えないと、単に「見える」わかりやすい差異ばかりが強調されるのでは、という危惧が生まれる。

能町　ああー。たしかに、私の疑問を整理すると、そうなるかもしれない。

森山　「見せる」戦略って丁寧に考えないと、世のなかの「普通」に当てはまらない人だっているんだ!ではなく、「普通」じゃない見た目の人がいるんだ、ってことになりがちなんですよね。そこを捉え返す必要がかなり意識されているように思えます。

能町　非当事者にもわかりやすい人ばかりが見えやすいところに取り上げられて、一見わかりづらい人が軽視されてしまったら本末転倒ですもんね。

森山　おっしゃるとおりです。アピールするのはもちろんかまわないんですけど、アピールするときに、世間一般でいう「普通」じゃない見た目みたいなものを想定したり、それを想起させたりするだけではよくないよね、ということでしょうか。前にも触れましたが、たとえば、自分がシスジェンダーのようには見えないことはよくわかっていて、「そういう私で問題ない」と主張するトランスジェンダーの人もいます。それはそれで大事だし

＊1　Shimizu Akiko, 2008, *Lying Bodies: Survival and Subversion in the Field of Vision*, New York: Peter Lang.

尊重されるべきなんだけれど、そういう人と、「普通」に女性に見える、「普通」に男性に見える人のあいだに線を引いて、前者のほうがいいとか正しいとか言い出してはならない、ということでしょうか。現在はむしろ後者じゃないと受け入れられない、みたいなトランスジェンダー差別があったりもするので、前者の立場を擁護することも強く打ち出すべきなんですけれど、それでも、「普通」じゃなく見えるとか、「普通」じゃなく見せるっていうことに頼り過ぎるとよくない側面はやはりある。

能町 なるほど。うっかりすると「わかりやすさ」が重視されちゃうんですね。

森山 そうなんです。でも、個々人がどう生きたいかって、他人から見た「わかりやすさ」に収まるわけはないじゃないですか。

能町 そうですね。私は積極的にわかりにくい側でいたいと思ってしまう。

私が持っている「女らしさ」「女っぽさ」って、自然にふるまってそうなっている部分もあれば、女ってこういうもんだからと思ってやっている部分もあるわけです。たとえば化粧一つとっても、そういう規範があるから一応やっている、みたいな部分がある。

でも、これっていわゆるジェンダーロールじゃないですか。「クィアである私」としては、ジェンダーロールに縛られずに生きていこうよ！って言う側であるはずなのに、自分自身は典型的ジェンダーロールにがんがん乗っかっていく部分もある。ここの矛盾を自分のなかでどう整理をつけたらいいのか、わからないんですよね。

そもそも、これまでもお話ししてきましたけど、私は大前提として……鍵括弧付きで書きますけど、なるべく「女らしい」側でいたいんです。ただ普通に過ごしているときに、絶対に女として見られたい。でも、この考えも、クィア的な考えとは矛盾しているような気がしてしまう。こういうことって、トランスじゃなくてもありますよね。ゲイ男性のなかではルッキズムがすごく強いという話もあるし。

森山 はい、もちろん。

能町 肉体的にも精神的にも、男らしさをがんがん鍛え上げていくような。まあ、別にそれは個人の趣味だから批判されるべきところではないんですけど。

でも、一応ジェンダー的な固定観念から解放されていこうよって言う側でありつつ、なんならマジョリティ以上にジェンダーロールを気にしているのかも、というところに矛盾を感じちゃいます。自分自身についても。

森山 私には、それが矛盾じゃない可能性も十分にあると思います。それを矛盾に見せるものは、もしかしたら何か別の規範なんじゃないでしょうか。

能町 え、それはどういうことですか？

森山 2章でも少し触れましたが（109ページ）、「トランスジェンダーは、社会の男らしさ・女らしさに照らすと「異性」になると思うしかないからトランスするのであり、男らしさ・女らしさの規範がなくなればトランスしなくて済む」と主張する人がいるんですが、これって要は「トランスジェンダーの人々は、男らしさ・女らしさを内面化している」って批判ですよね。でもこれはおかしいんです。

シスジェンダー女性が自分のことを女性だと自認していても、自分にペニスがあったらどう考えてもしっくりこないなあ、と思っていても、それ自体が「女らしさ」の内面化だなんて批判されないですよね。にもかかわらず、トランスジェンダーの場合についてだけ、出生時に割り当てられた性別と異なる性自認を持っていたり、「私にペニスがあるのはしっくりこない」と思ったりすると「女らしさ」の内面化ということにされる。トランスジェンダーのあり方を否定するために、「男らしさ・女らしさ」が何かについて、ダブル・スタンダードが成立してしまっているのではないでしょうか。

能町　うーん、そしたら、男らしさ・女らしさの規範が仮にまったくなくなった理想化した世界ならトランスしなくて済む、っていう言説に関して私自身どう思うか考えてみますね。

前は、「わからない」と答えましたが（110ページ）、男らしさ・女らしさの規範がもし仮にまったくないとしたら、スカートを穿いて化粧している男もいて、ひ弱(よわ)であっても男同士でからかわれることがないとか、ノーメイクで丸坊主の女もいて、政財界の半分くらいが女でバリバリ働いているとかいうことになってくると思うんです。でも、こうなると、身体以外に違うところが何もなくなるんですよね。すると、こういう場合の「トランスしますか？」は、もう、「身体を変えますか？」でしかない。となると、私の場合は、やっぱり「身体変えます」になっちゃう気がします。

私が今、「なんで体をトランスしたんですか？」って言われたら、端的に言えばお風呂に入りたいからなんですよ。体を変えなきゃ戸籍上の性別を変えられません、という法的な問題を除けば、温泉ぐらい楽しみたい、っていうのがけっこう大きな理由。

男女の規範がまったく撤廃された世界の話に戻ると、そんな世界でじゃあ公衆浴場も男女で分けないのかというと、それはさすがにありえないんじゃないかと思うんです。

森山 こんなふうに、理想化された世界を具体的に考えると、細かいところで成立しない部分が出てくると思うんですよ。だから、この仮定って、単なるレトリックとして人をやり込めるために想定しているんじゃないかと思っちゃいます。

森山 いびつな「理想」のシミュレーションのもとに絵踏みさせるのは暴力ですよね。

「ありのまま」が、とにかく嫌だ

森山 そもそも「理想」がなんであれ、それに身体が従順に従うわけない、というところもあると思うんですよ。私含めシスジェンダーの人間って、自分の性自認になんとなくフィットした身体を持ててしまっているからこそ、ついそのことを忘れてしまいがちなのかな、とも思うんです。私にとってクィア・スタディーズ、というよりはトランスジェンダー・スタディーズの文献などを読むたびに繰り返し痛感させられるのは、そのことです。

トランスしたからといって「身体」のままならなさがすべて解消できるわけじゃないし、そうやって身体を「うまくいけば透明な道具になるもの」と考えることは危険です。だって現に、身体はいつも私たちにとって不透明で言うことをきかない存在ですからね。もちろんこれは、障害学やフェミニズムでずっと言われてきたことですが。

関連するけれど別の論点として、「自分の身体が好き（と感じるべき）か」という問いがありますよね。たとえば、「痩せているほうが美しい」というような（とくに女性の）身体に対する価値観に抵抗して自身の身体を前向きに愛そうというのがボディ・ポジティヴのムーブメントですが、能町さんは、ボディ・ポジティヴの動きについて、どう思いますか？

能町 ボディ・ポジティヴについては……そんなにすっと受け入れられない何かを感じますね……。うーん……。

まず自分自身に関して言えば、自分の体を受け入れられないという状態が解消される希望はないんですよね。皆無なんです。あなたはあなたのままで、ありのままのあなたが素晴らしい、的な言説がどんなときにでも成り立つかというと、全然そんなことはないと思う。ありのままがとにかく嫌なんだ、っていう人がいるわけですよ。これに対して、ボディ・ポジティヴ的な考え方が広まり過ぎると、ありのままを受け入れられないあなたはダメじゃないか、っていう方向に行きかねない。ありのままを愛せない中途半端な状態を許してくれ、と思います。

森山　ボディ・ポジティヴに対するアンチテーゼとして、「ボディ・ニュートラル」みたいなことをおっしゃる人もいますね。別に好きになんかなれないし、好きにならなくてよいのだ、みたいな。そうおっしゃる人がいるのも当然だなと思います。

能町　うーん。「好きにならなくていいのだ」と言われたとしても、私はしっくりきませんね。

思うに、ボディ・ポジティヴっていうのは社会的な規範に対する考えで、太り過ぎは美しくないとか、目が大きくて鼻が高いことに価値があるとか、ボディはこうであるべきという偏見じみた規範に対して「いや、私はこれでいいんだ」っていう抵抗だと思うんですよ。

でも、私のボディに関する考えは、世間がこうあれっていうこととはまた別のレイヤーにあるんですよね。規範と関係なく、第一に自分自身がまずこの体が嫌だ、っていう。世間がこうあれって言うことによって刷り込まれて私の考えが起こったわけではなく、そもそも自分自身から発生した、何て言うんだろう……悩みというか、齟齬(そご)みたいなものので。出処がちょっと違うと思います。

森山　「私の身体をどう思うべきかをお前が決めるな」っていう意味では、ボディ・ポジティヴの運動とボディ・ニュートラルの運動って、基本的にそこまで違うほうを向いていない気もするんですよ。

「お前はそういう体なんだからダメなんだ」って言われて、「私はこの体が好きなんだ」って言うことと、「ありのままの自分の体を愛しなさい」って言われて、「いやいや、好きになれないことだってある」って言うのは、「私の体の意味付けをあんたが決めるな」っていう意味では、同じことに対する抵抗なのかな、と思いもします。でも、そうやって性急に、同じことへの対抗だとまとめることにもためらいがありますが。

能町 まあ、構図は似ているのかもしれないですよね。共闘できるかどうかは別として。

それと、この話とはずれるかもしれないですけど、最近、体をちょっと神聖視し過ぎな傾向もよく見られると思います。とくに女性の体がそう言われがちだと思う。もちろん、体が本人にとって大事なものであることは間違いないんですけど。

体を神聖視し過ぎるっていうのは、生まれついた体のあり方を大切にすると言い換えることもできる。たとえば、私が嫌いなフレーズを挙げるなら、「子宮で考える」とか、「親からもらった体を傷つけるなんて」とか。こんなふうに、体を神聖視する言説を見ると、私はすごく抵抗を感じるんですよね。こういう考えって、生まれたままの身体的性別を替えのきかないものだとする考えと親和性がある。

身体は変わるし、変えられる

森山 自分にとってそこそこ都合のよい身体の持ち主が、他人、とくに自分のようでない人たちに対して「もっと身体の言いなりになれ」と命じているようにも思えるんですよね。言われなくても私たちは十分身体の言いなりだよ、なだめすかして裏切って、それでもやっぱり裏切られて、そんななかでやっていくしかないんだよ、と思うんですが。身体と共に生きていくって、どんなことでありうると能町さんはお考えですか？

能町 そうだなぁ……まずは、いきなり矛盾するようですけど、「体が第一」とは考えないということですね。もちろん個々人にとって体が大事なものであることは大前提なんですけど、それを突きつめて体を神聖化すると、「体こそが真実」になってしまうと思う。その概念をなるべく取り除きたいです。

それと、体自体も流動的であるということですね。もちろん、ただ生きていて男が女になるっていうことはなかなかないでしょうけど、でも、実際に体って、太るし、痩せるし、病気になるし、すごく流動的なものではある。だから、身体を絶対視するのはすごく怖いことです。健康体だった人が病気や障害を持った体に「流動」したとき、受け入れられなくなるでしょうし。身体を絶対視することは、病気の体よりも健康体に価値があるとか、体に障害がある人は劣っているとかいう考えに近づいていく。

精神が流動するというのは信じてもらいやすいと思うんですけど、身体が流動するということってきっと実感として捉えづらいですよね。変えようと思えば変えられる、ということも含めて。体は変わるんだよ、変わるし、変えられるんだよっていう考え方をもう少し広められたらいいのかな。

森山 そうですよね。身体は変わるし、変えようと思って変えることもあるし、変えようと思ってないのに変わっちゃうこともあるし、変えようと思ってるのに変わってくれないこともある。それらが全部あるっていうことが、うまく伝わっていくといいですよね。なんでそこにいるのかよくわからないいんだけど、いっつも一緒にいることになってる、よくよく考えると得体のしれないツレみたいな存在というか。

「心は女、体は男」？

能町 「性同一性障害」という言葉が広まったとき、すごく簡単にわからせるために、「体が男（女）だけど心は女（男）だ」っていう言い方が広まっちゃったんですよ。私は、あれがそもそもよくないと思う。心が女かどうかなんてわからないし、なんなら体が男かどうかも、わからないことですよね。こんなに単純に分けていいのかって、疑問なんです。

私は、自分について「男・女を判断するいろいろな指標があるけれど、そういう指標から総合的に考えるとどうやら自分は男からは遠そうだ」みたいな捉え方なんです。女に近そうな気がするから身体もそっちに寄せた、ぐらいの感覚なんですよね。

でも、「体は男、心は女」みたいなパキッとした言い方があると、けっこう当事者も乗っちゃうんですよ。自分はそうなんだ、って。別にそれが嘘だとまでは言わないけれど、「私は心が女で身体は男なんだ」と決めちゃうことによって、その箱にはまってしまうというか、心や身体の考え方の解像度が低くなる気がします。心も体も二種類しかない、心は100％女です、だから自分は手術して体も100％の男から100％の女になった、これで完了、みたいな。男か女かなんて、個人個人でグラデーションがあるはずなんだけど。

森山　そうですよね。たとえば、性別適合手術をしたら「身体の性」が性自認に「揃う」けれど、だからといってそれで、トランスジェンダーでなくなるわけではない。性別適合手術はせず、ホルモン投与をして、丸みを帯びた体つきになったトランスジェンダー女性は、性自認に即した身体の持ち主と考えてもよいわけで、性器を中心に「揃っている」かを判断すること自体が恣意的だと指摘することもできると思います。

　要は単純化しているわけなんですが、その分、わかりやすいんでしょうね。訴求力のあるタイプのレトリックなので、普及してしまったんだと思います。

能町　それに、「心は女だけど体は男」っていうフレーズが広まると、トランスするにあたって心が女であることを証明しなきゃいけなくなる。これってものすごく危険ですよね。仮に何らかの明確な基準があったとしたら、「あんた、調べたら男だったよ」って、急に切り離されかねないわけじゃないですか。こうなるともう行き場を完全に失っちゃう。

森山　それはおかしいですよね。他人に対して自分の性のあり方を説明するときに、それを判断する採点基準みたいなものを明け渡すことになるのはよくない。「身体の性」や「心の性」が何かをなんであなたが判定できるの、って思います。

さっき私が、ボディ・ポジティヴとボディ・ニュートラルに共通する部分もあるんじゃないかと言いたかったのも、そこに関係していると思うんです。「あんたに判断する権限を譲り渡しはしない」っていうところは最低限守りたいんです。

私の不幸は私が決める

能町 となると、身体に関しても、体がままならない状態であることを他人に委ねないというか……体がままならない状態なんです、って言う人に対して「いや、ポジティヴでいなさい」みたいな強制をするべきではないっていうことですね。

森山 そうですね。同時に、「そういう体なんだから、あなたの体はままなっていない」と言わせないっていうのも、大事だと思います。

能町 ままならないかどうかの基準を自分に置く。他人が見てたとえ中途半端だと思ったとしても、本人が「私はこの状態が一番しっくりくるんだ」と言えば、それが本人にとって正しい……「正しい」わけじゃないか、なんだろうな……。

森山 しっくりこないと思っちゃうことも含めて、それはもう、本人がそう思っているんだからそう、っていうのがいいのかな。

なんだろう……「私の幸福は私が決める」って、すごく大事なことだと思うんですけど、たぶん同時に「私の不幸は私が決める」って言う必要があるのかなと思っていて。

能町 ああ、その言い方はすごくしっくりきます。

森山 たしかにセクシュアル・マイノリティであることによる不幸はあるけれど、その認識を広めるときに気をつけていないと、私の不幸を決める権限まで誰かに与えることになりかねない。私の不幸が人に知られれば、誰かが私の不幸を解消してくれるようになるかもしれない。けれども、その人が決めた「あなたって不幸でしょう」っていう呪いに束縛され続ける可能性もある。だから「私の不幸を手放さない」って大事なのかな、って思うんです。

能町 うんうん。私が「こういう状態なので、不幸だ」って言ったとき、他者から、それはこういうふうに解消して幸せになるべきだって言われるのも余計なおせっかいだと思うんです。自分が不幸であるっていう状態のまま、そう思っておく権利はある。幸福であるとか、不幸であるとかいう自覚の手綱も自分で握っておくべきですね。

森山 今、お話ししながら思い出したんですけど、クィア・スタディーズのなかには、このタイプの、どう考えても後ろ向きでこのまま断崖絶壁(だんがいぜっぺき)から落っこちていくしかないんだけど、それでもあんたのいる「安全な」ほうには絶対に向かっていかないっていう考え方があるんです。古典的なものだと、ゲイ男性同士がお互いにコンドームをつけないでセックスして、そのまま全員でHIV／AIDSに向かって突っ込んでいくっていうのを、ある種、すごく重要な戦い方として挙げるような研究が一九九〇年代頃からあります。*2

能町 うわあ、それはすごいですね。部外者からは圧倒的に不幸に向かって突き進んでいるようにしか見えないから、素直に考えれば止めたくなりますよね。

森山 死の危険と恐怖に隣り合わせの快楽を共に開発し享受する、というのはある意味究極の連帯のあり方ですよね。この世界のなかにある異性愛中心主義やそれに基づく苛烈な差別も、死に向かう意志の前では極めて弱々しいものです。もちろんこの考えを私自身が肯定しているわけではないのですが、徹底抗戦を突きつめると行き先が死になる、というリアリティには感動を覚えるところもあります。

あるいは、クィア・テンポラリティ(クィアな時間性)論を挙げてもよいですね。未来やその素晴らしさみたいなものが異性愛中心主義と結託した概念であることに徹底的に反旗を翻すことで、そこで肯定される「幸福」に全力で背を向ける。もしかしたら、こういった話ともどこかでつながるのかなって。

……別に、ままならない身体を生きるトランスの人が、そのまま死に向かって突っ込んでいく、みたいな話をしたいわけじゃないんです。ただ、「この身の不幸を手放すものか」という発想は、実はクィア・スタディーズのなかにあるんですよね。

能町 私はさすがに死に向かって疾走するようなことは考えていないですけど、何か惹かれるものがあります。私は今、自分の体が大嫌いですけど、これをどうにか好きになりたいなんて全然思っていないんですよ。大嫌いなまま死んでいくんだろう、と思うんです。

仮にいろんな人がよってたかって、いや、こうやって捉えたら幸せじゃない?なんて言ってきたりしたら、そんなの全部蹴散らしたいですすもん。これでいいと思ってる。すごく不愉快な状態でいるけど、不愉快でもしょうがない、最悪だけどこれでいいと思ってるんです。むしろ不愉快であるからこそ自分、ぐらいのアイデンティティがある。そこは手放したくないです。

森山 不愉快もいい言葉ですね。「私の不愉快を手放さない」。

……自分で言っておいてなんですが、クィア・スタディーズの後ろ向きな部分、ゲイ男性がベアバッキング、つまりコンドームをしないセックスをするっていう話は、能町さんがおっしゃっているトランスの身体の話と拙速につなげるべきではやはりないですね。たぶん、不幸や不愉快の位相が違う。ベアバッキングは「お前が勝手にやれよ」っていう話なので。

能町 ああ、はい。トランスジェンダーの場合って、少なくとも私は、仮に手術で身体を変えようが、やっぱり「成功した」っていう感じは全然しないんですよ。よし、これでもう全部解決ね、なんてことはない。

＊2 Bersani, Leo, 1995, *Homos*, Cambridge, MA: Harvard University Press.

トランスジェンダーの人って、何をやってもずっとままならないままだと感じる人も少なからずいると思うんです。普通なら、そのままならないものを、ままなるようにしよう……というか(笑)、ストレスを解消できるようにしようっていう方向に考えるんでしょうけど、私はそれは無理。誰がどうしようと一生私はこの違和感を解消することができない。違和感を不幸とか不愉快とかいう言葉に言い換えてもいいですね。私のような存在を、不愉快さをずっと抱えたまんま生きて、しかも不愉快を解消する方向に向かっていくわけではない人だと認めてほしいです。

森山 「ままならなきものを、ままならなきままに生きる自由」とでも言えるかもしれませんね。

不幸に対する解像度を上げていく

能町 これって、あまり簡単に言ったらいけないかもしれないですけど、身体的な障害にも近いものがあると思います。

もともとヘレン・ケラーの言葉らしいですが、乙武洋匡(おとたけひろただ)さん(『五体不満足』〔講談社、一九九八年〕が大ベストセラー。先天性四肢欠損の障害がある)の本に、障害は不便だが不幸ではない、というようなフレーズがあるんですね。まあ、やっぱり乙武さんみたいに発信力の強い人は、楽しそうに生きているところを見せて、不幸だと決めつけられがちな障害のイメージを変える役目を果たしているんだと思いますけど、「不便」という点はどうしてもあって、そこはいろんな葛藤がありつつも受け入れながらやっていくしかない。乙武さんは「不幸」という言葉を否定しているのでそこはちょっと噛み合わないですが、私が思うのもたぶん、そういう方向性の不便さ、不幸さ、不愉快さだと思うんです。私は、自分のこの不愉快さは、仮に社会がどんなに自分に快適になったとしても解消されないと思っています。

森山 勝手な想像で失礼ですし、単純過ぎる言い方ですけど、たとえばゲイの人だったら、仮にまったくゲイ差別のない世界があったとしたらそこでは幸せに生きられるかもしれない。でも、私はそんな世界の想像すらできない。そこに差があると思うんですよ。はい、そこは大きな差だと思います。そういう意味では、やっぱり同性愛とかバイセクシュアルとトランスジェンダーのあいだには、埋められるはずのない、埋められるなんて言っちゃいけない深い溝がある。

障害学のなかには、「社会の制度が特定の身体のあり方を前提に作られているから、そのことによってそこに含まれない身体の持ち主に不便がいく」という基本的な考え方があります。これを障害の社会モデルと言います。社会モデルの考え方はもちろんすごく大事なんですけど、一方で、「いやいや、社会がどうなろうとできない、って側面はあるよ」という観点から社会モデルをバージョンアップさせようとする動きがあったはずです。トランスジェンダーに関しても、社会モデルのバージョンアップに似た作業を、たとえば私たちクィア・スタディーズの研究者などがやっていかなければならないのだろうと思います。というか、トランスジェンダー研究の専門家は最初からそこをずっと気にしてきたんだと思います。

能町 私はそこまで系統立てて考えたことはないですが、単純に「社会さえ変えれば解決に向かう」ではないところが厄介だ、ということは常に思ってますね。

森山 「世のなかがこうなれば、すべての性のあり方の人が等しくハッピーになる」とか「みなが等しく問題を感じずに生きられる」って、軽率に言わないほうがいい。とくにトランスジェンダーの身体に関してそう言うことによって、その人から、その人のままならなさ、その人が自分の身体をままならないものだと思う権限を取り上げることになる。

私たちはもっと、自分たちの不幸のことをちゃんと考えねばっていう気はするんです。不幸に対する解像度を上げないと駄目なんじゃないか。世のなかを良くしていこうとする動きって、世のなかの良さに対する解像度を一生懸命上げていくところはもちろんあって、それは大事だと思うんです。ただ、それだけでは駄目だということに、能町さんとこうしてお話ししているなかで気づきました。私たちは圧倒的に、自分たちの不幸を高解像度で語る言葉を持っていない。

そのなかには解消できるものもあり、解消できないものもあるはずです。解消できないものに対しては、「解消なんてできないんだ」ってちゃんと言わないと、私たちは余計に生きていきにくい。

能町 そうですね。解消できないものがあることは見落とされがちですね。

なんで未来を考えなきゃいけないの？

能町 さっきお話しされていた、未来に背を向けるクィアの理論についてもう少し詳しく聞いてみたいです。

森山 クィア・テンポラリティ論ですね。

たとえば、アメリカの文学研究者であるリー・エーデルマンというクィア理論の理論家は、まさに『No Future』（Duke University Press, 2004）という本を書いています。クィアであるということは未来を想定することに対して背を向けるのだと。

能町 あー、私は素朴に、かっこいいな、と思っちゃいますね。背を向けるっていうのは具体的にはどういうことになるんですか。死に向かって突っ込んでいくということ以外にも何かあるんですか。

森山 クィア・テンポラリティのテンポラリティって「時間性」という意味なので、クィアな時間性とか、あるいはクィア時間論といったりするんですけど、この理論が取り組んでいるのは、私たちが持っている時間というもののイメージが、すでに異性愛に関する比喩によって枠づけられていて、時間について考えようとすると、まず先に、そこに異性愛のイメージみたいなものが忍び込んでいるという点です。私たちは異性愛を前提とせずに未来を考えることが不可能な地点にいる。だからそうでないタイプの時間の考え方を探し出していこう、現状の未来像を覆していこうというのが、クィア・テンポラリティ論です。

能町　はー、すごく前向きな気持ちになります、その考え方。わくわくします。

そう思うと、私自身がやってみたことも、クィア・テンポラリティの考えに基づいていたのかもしれないです。異性愛的な「結婚」にタダ乗りしたりとか、結婚の価値をなるべく低めようとしたりとか。

森山　「今日があって明日があって明後日がある」ということのあり方を、異性愛的でないやり方でやってみせるというのは、まさに「クィアな時間」を紡ぎだす実験そのものですよね。

それから、たとえば、未来の象徴としての「子供」という存在に対する批判的な視点の存在があるかもしれません。というか、男がいて女がいて生まれる子供って存在に未来が結び付けられている時点で、未来なんて異性愛中心主義に毒された現象でしかないではないか、と背を向けるわけです。

もちろん、レズビアンカップルやゲイカップルで子供を育てている人もいます。だから、クィアな人々がみな規範的な未来像みたいなものに背を向けているわけでもない。そもそも、社会運動ってよりよい未来のためにやっているものでもありますよね。

能町 はい、子供がいることだけが未来じゃないですし。

森山 もちろんそのような議論に対する反論も存在します。たとえば井芹真紀子さんは、「未来に反旗を翻すのだ」は健康で自分の好きなように生きられる健常者のゲイ男性であることを前提にした立場でしかないと批判しています。未来に反旗を翻せる健康さみたいなものが隠蔽されているけど、それ自体が特権だと。そもそも日本では、トランスジェンダーの人々は生殖能力を保持したまま性別変更をすることができないので、背を向けるもなにも最初から子供を作り育てることから疎外されているわけです。「生殖なんてくそくらえ」と言えること自体がシスジェンダーの特権であることも指摘しておくべきです。

一方、私たちが持っている未来というものの典型的なイメージが、普通の性のあり方と強固に結びついていて、それはまずいということ自体は共通認識としていわれています。たぶん、そういう漠然としたイメージが帰着させられているのが、結婚、家族みたいな制度なんですよね。

能町 未来……。未来ってなんでしょうね。なんで未来を考えなきゃいけないんでしょう。やっぱりNo Futureなのかも、私も。

森山 (笑)、いいですね。

能町 正直、未来を考えなきゃいけないということに対して私はあまり実感が湧かないんです。

少子化なんか知らねえわ。クローン人間、なぜいけない？

能町　私の「結婚」は、国や社会が喜ぶ結婚ではないと思うんですね。つまり、私たちは子供を生まない、育てない、だから人口を増やすこともない。お国が困ってる少子化には、まるで貢献しない。

一九九〇年頃から、少子化問題が叫ばれ続けていますよね。たしかに少子化が進んだら国は大変なんでしょうけど、子供を生むかどうかなんてまったく個人的な問題ですよね。お国のために子供を生むなんてとんでもない話だと私は思っているので、過激な言い方をすれば、少子化なんか知らねえわ、って思うんですよ。私を含め、大多数の人は国のために生きてるわけじゃないし。

森山　うんうん。

能町　少子化がよくないっていうことは、つまり、国は国民にセックスをしろと言ってるわけです。国は異性愛者に……いや、もしかしたら同性愛者だろうがかまわず、たくさん異性とセックスをして、たくさん子供を生め、と言っている。国がそんなことを言うなんて、個人の問題に土足で侵入してくるようで、すごく無礼だと思う。

ちょっとヤケクソになって反出生主義みたいな気持ちになることもあります。子供なんか誰も生むなよ、って。国がゆるやかになくなって、地球からもゆるやかに人間がいなくなっちゃえばいい、ざまあみろ、って。

森山 「ざまあみろ」という感覚は私にもありますね。「私が子供を産むか産まないか決めるのは私」という原則に逆らって、他人の決断にあまりにも無防備に手を突っ込んでくる感じがイライラしますよね。

能町 少子化対策って、「国家／地球全体として困る」という話が、個人のかなりデリケートな将来設計、希望、生き方に干渉してくるわけだから、異様なことです。ついでにちょっと過激なことを言えば、そんなに少子化がマズいんだったら国をあげてクローン人間について考えればいいと思います。

クローンの話になると、倫理的にどうのこうのというところでつまずいて、あまり具体的な話になっているのを見たことがないんですけど、安全性や生育環境の整備についてまったく問題がないと仮定した場合、私はクローン人間を育ててもいいと思ってるんです。何らかの特殊な目的に使うのではなくて、単なる出産と同等の扱いであれば。まあ、かなり突飛ですし、無茶な仮定だとは思うんですけど。

森山 ええと、仮定のどのあたりが無茶だと思いますか。

能町 安全性が確立するというところまではまだ無理のない仮定かなと思うんですけど、どういうプロセスで産まれてくるのか、とかかなぁ。私の想像としては、クローン技術ができたとしても、結局女性の体を使って産まれてくる以外の想像はできないんですよね。

そのあたりの細かいところを考慮せずに話をするのは飛躍しているかも、と思って。

森山 では、特定の身体が出産の負担を課されることはない、という設定だとどうでしょう？

能町 あーなるほど。それならもう少し考えを進められるかも。そうなると、やっぱり「倫理」が立ちはだかりそうですね。

クローン人間は倫理的に許されない、とよく言われますけど、なんで倫理的にダメなのか私はまだピンとこないんです。この場合の倫理・尊厳って何なんですかね。なんとなく、子供は男性と女性による正しいセックスによってつくられるものであり、その性行為をした男性と女性によって育てられる子供こそが正しい、みたいな、西洋／キリスト教的／家父長制的な倫理観がベースにあるのかな、と思って、抵抗を覚えるんです。

森山 なるほど。クローン人間はよくないと言う人たちは、いくつか全然違う理由によって、倫理的によくないと言っているかもしれない、とお話を聞いていて感じました。

まず僕が想定したのは、誰かのコピーをつくることは許されるのか、という点です。Aさんがいたら、そのAさんのクローンをつくることは許されるのかみたいな話、ときどき聞くと思うんですけど、ここには多くの場合クローン人間に関する誤解がある。そもそもAさんのクローンはAさんにはならないんですよね。遺伝子の状態が同じだとしても、同じように発達するわけではなくて、当然別の人格が育っていく。ここを誤解している人がクローン人間を批判しているかもしれません。

能町 たしかに、SF漫画みたいに急に成人女性、成人男性が出てくるイメージがありますもんね。

森山 そうなんです。でもこのイメージは間違っている。だから、この論点に関して言えば、僕も、別にクローン人間がいていいじゃん、って思うところはあります。

二つ目の論点は、クローン人間の遺伝情報は当然事前にわかるけれどそれって新しく産まれてくる命のかたちをデザインすることにもなるわけで、それでいいのか、という点です。いわゆるデザイナーベイビー（受精卵の段階で遺伝子を操作するなどで、親が望む外見や健康状態の特徴を持たせた子供）とか出生前診断が許容されるのか、という問いと同根だと思います。「運任せであるべきところに人為が介入していいのか」という問題だと言い換えられるでしょうか。

能町 そうか、優生思想にかかわることですよね。それはたしかに、安易に結論を出すわけにはいかなそう。

森山 そうです。それから三つ目に、能町さんがおっしゃったような、「生殖ってこういうもの」というイメージにそぐわないからダメなのか、という論点があると思います。

これらの三つの論点のうち、一と三はクローン人間をつくることを道徳的に許容しない理由にはなっていないと思うんですよね。二の論点による反対は必要かもしれないな、とは思います。

能町　たしかにそうですね。その点は私の考えから抜けてました。何か大きな障害がある場合はクローンにしない、みたいなことになると、それはたしかに倫理的な意味で抵抗が生まれますね。ただ、それはまさに今も起こっている出生前診断の問題と同じで、クローンだけに起こりうる問題ではないのかもしれないですが……。

空想――どんな生殖のかたちがいいだろう？

能町　クローンの話のついでに言うと、私はたまに、どんな生殖のかたちがいいんだろう？って空想したりしますね。もちろん非現実的だということは前提でですけど。
　男と女じゃないと子供がつくれないっていうのがそもそもよくない、と考えると「任意のふたりでつくれるようになればいい」とか。あるいは「ひとりがひとりを生めばいい」とか。私は、なんとなく「任意のふたり」がいいなあと思ってます。ひとりがひとりを生むと、それこそクローン人間になって、変化が起こらなそうなので。

森山　ちなみに三人以上じゃいけない理由って、何かあります？

能町　ああ……そうですね、「任意の三人以上」も何も悪くないですね。そうか……私は三人以上のことについて考えてなかった。ふたりっていう数にとらわれていたのかもしれない。大勢で育てることは想像しても、生殖については考えたことなかったです。

森山　もちろん、ヒトって有性生殖（精子の核と卵の核が合体してゲノムＤＮＡの混合、組み換えを行うことにより、新たな個体を生産すること）する生物なので、半分ずつ何かを持ってきて……っていうのが現実だとは思うんですけど。どんなSF的な想定をしてもいいなら、たとえば、三人以上の遺伝情報が組み合わされることもありうる気がします。

能町 たしかにそうですね。

森山 もうひとつ、本当にまったくのSF的な想定をするのであれば、そもそも、自分とは違う個体が産出されなくてもいい、という考えもあるかもしれません。たとえば、自分の記憶と知識の一部分がそのまま受け継がれる、「株分け」のような「生殖」とか。ただ、僕にはそれはしてはいけないいんじゃないかという直観があるんです。

能町 えーと、それはなんでですか？

森山 私たちの社会の自由とか権利という観念って、他人は私とは違う、という点にものすごく強く依存していると思うんです。自分と自分以外の個体のあいだに、人格の部分的な連続性みたいなものがあるとすると、自由とか権利といった概念が無傷ではいられなくて、まったく異なる原理による倫理の体系が生まれないといけない気がするんです。たとえば、選挙権とか被選挙権って意味がなくなりますよね？　自分と人格的に連続した個体を産出できれば、選挙の得票数がコントロールできてしまう。このとき何の権利が行使されていて、その権利は正当なのかとか考えても、答えが出そうにない。

能町 そっか。単純なクローン人間とは違う、内面まで共有する自分とは別の何かが生まれてしまうと、「自分」という概念からして崩壊していきますもんね。怖いな。

「少子化対策」がすべて私の頭を素通りする

森山 ずいぶん脱線させてしまいました、すみません。現実の話に戻しますね。

考えてみれば、日本の少子化対策って不思議だなって思うことがあります。事実上、子供が少なく生まれてしまうのに歯止めをかけることだけが、少子化対策だと日本では言われているじゃないですか。でも、子供が減っていっても社会が回るようにどう制度設計するかということも、十分に少子化対策ですよね。たしかに、社会保障制度などが立ちゆかなくなる危惧はあります。たとえば、子供の世代が親の世代を支えるかたちの年金制度があるなら、子供世代の人数減はたしかに死活問題です。もちろんそういった問題への解決策は探られているんだけど、なぜか少子化対策とは呼ばれない。

子供が減っていく、その傾きをなるべくゆるやかにすることは当然できて、すればいいとも思うんですけど、それ一辺倒ではないはずですよね。実際問題としては、少子化が問題だと本当に思ったとしても、「みんなが子供を生みやすくする、育てやすくする」以上のやりかたで個人の選択に影響を与えるべきではないんですけど、個人の選択に「こうすべき」という枷(かせ)をはめようとする方向に行きがちですよね。

能町 政治家が社会制度を整えるという方向に進みづらい、いろんな理由があるんでしょうね。

それに、多くの政治家は根本的にこれを重大な問題だと考えていないんだと思います。だから、こういう問題に便乗して急にＬＧＢＴを攻撃しておこうという方向に流れる人がいる。ＬＧＢＴのことを、「彼ら彼女らは子供を作らない、つまり「生産性」がない」と書いて有名になった杉田水脈みたいな議員は典型的です（『新潮45』二〇一八年八月号掲載、「「ＬＧＢＴ」支援の度が過ぎる」。二〇二二年八月、第二次岸田改造内閣で杉田は総務大臣政務官に就任、十二月に辞任）。こういった問題の原因を何らかのマイノリティにぶつけることによって、潜在的に差別をしている人たちの溜飲を下げさせ、姑息に支持を集める、みたいな。実際、「ＬＧＢＴのせいで少子化してるんだ」なんて言ったところでなんの解決にもならないことはちょっと考えればわかると思うんですけど……まあ、身も蓋もないことを言えば、彼ら彼女らはマイノリティをはっきり差別しているから簡単にこういうことが言えるんでしょうね。

森山　きっと少子化対策とか、本心ではどうでもいいんでしょうね。次の選挙での自分の票を確保したいのであれば、そりゃあ仮想敵をつくって攻撃して支持者にアピールするほうが効率がよいですから。

能町　それから、私は、どんな政治信条の人も、あたかも少子化対策自体は当然に進めるものだ、という前提で話すことに茶番を感じるんです。「育てやすい環境さえあれば少子化は改善される」というリベラル的な意見にも、正直100％与することはできなくて、居心地が悪い。

もちろん育てやすくする社会環境は大事ですし、そうすればちょっと出生率が上がるっていうのも間違いなくあると思う。保育所や託児所の充実などはもちろん大事なことで、別にそれに異論はないです。でも……なんか、それがすべてか？っていうことも感じていて。それ以外のことは語っちゃいけない雰囲気がある。

人口が減少していくのを解消するためには、単純計算で一組の男女がふたりより多く産まなきゃいけない。じゃあ、社会の育てる環境が整ったらみんながみんな三人産むの？って。私はあまりその状況を考えられないです。いまだに「たくさんお子さんを産んでいただいて」なんて暴言を吐く政治家もいますけど、少子化のための対策というと、「とにかくたくさん産んでもらう」という方法がたしかに意義があるものになっちゃうんですよね。そこが何か、気持ち悪い。

森山 子育て支援と少子化対策って、本来はまったく違うことのはずなのにぬるっとつなげられている。子育て支援は、子供を育てたいという個々のニーズへの支援ですけど、少子化対策は、個々人というより国家全体の都合ですよね。そこをぬるっとつなげてしまうことには、「みんなが自分の生きたいように生きるべき」という私たちの社会のとても大事な建前を平気でざーっと押し潰していくような嫌な感じがあります。

能町 そうですね。そこがつながってるから気持ち悪いのかも。子育て支援、保育所、託児所の充実といったような政策って、かなり雑な言い方ですけど、左派的な考え方の人が推し進めることが多い。でも、そこに少子化対策という言葉が乗ってくると、今度は右派的な感じがする。どっちもすごく雑に乗っかってきてる印象です。

森山 とりわけ左派に対する危機感をお持ちということですよね。なんとなく「呉越同舟」してしまうと、個々人の自由といった、左派にとって大事な価値観を否定することになりはしないか、という。

能町 「少子化対策」と謳っていることが全部、私の頭を素通りしていくんです。国とか地球全体として、少子化は当然よくない、対策すべきだ、と主張すること自体に違和感があります。本当に人間の頭数が足りなくなったとき、じゃあ、いよいよクローン人間やりましょう、みたいなことに仮になったら……それを止めるものなんてあるのかなあ、とか。

子供の話を出されちゃうかな

森山 あと、大変素朴に「ああ、また子供の話を出されちゃうんだなあ」っていう気分もあるんですよね。どんな立場の人でも反対しない、反対しにくい話題じゃないですか。

能町 そうですね、はい。

森山 この議論の流れ自体に身を任せたくない、というのがたとえばクィア・テンポラリティ論だったりすると思うんです。子供というのが、未来とイメージ上で連結していて、子供の話をすると、みんな否定できない。この、議論以前に私たちの持っているイメージの重圧みたいなものが我慢ならない、というところはあると思うんです。

能町 うん……。私も、「未来の子供のために」って言われたときに、はっきり言って、すごく……冷めちゃう。すごく人でなしに思われそうな意見ですけど……関係ないしなあ、って気持ちが芽生えるので（笑）。私がなるべく接したくない部分ですね。

森山 うん。

能町 「未来の子供のために美しい地球を残しましょう」とか……この言葉は私に対して真に迫ったものとして入ってこないんですよね。もちろん、私に子供がいないからっていうのは間違いなくあるんですけど。何か大きなことを言うとき、「未来の子供のために」っていう言葉が絶対に反論できない印籠（いんろう）として出されることがありますよね。

森山 はい。他者に犠牲を強（し）いるための最大の切り札としての子供、みたいなところがありますよね。「母親が自分の人生をあきらめる」から「少子化対策」まで、いろんなレベルでこの切り札が場に出される。

もちろん自然環境に関する世代間倫理の問題みたいに、「次の世代の分を横取りして、今、幸せになっていいのか、それは不平等じゃないのか」という問いの立て方はありますし、この問いについては議論すべきだとも思います。ただ、「子供」をめぐる議論が、そういう冷静なものになっていない場合は多いんじゃないでしょうか。「子供って言ってんだから、言うこと聞きなさい！」みたいな。

能町　そうですね（笑）。子供が人質に取られちゃったような言い方。

森山　だからこそ、完全に未来に背を向ける、死に向かって突き進む立場って、個人的には乗れないけれど、それを言いたい気持ちはすごくよくわかるんです。未来の方向には子供とか家族とかそういうものしか待っていないということが耐えがたいストレス、という気分にはたしかに強く共感するところがあります。

未来に待っているロールモデルに私のものはない

能町　そういう人は、さっきお話ししていたように、やっぱり快楽を求めるほうにいくものですか？

森山　快楽を求めながら、死にそのまま飛び込んでいく、みたいな場合もあると思います。

能町　死に向かう具体的イメージはしていないにしても、私の知り合いのゲイにはそういう人がたしかに多いかもしれない。パートナーを作っては別れ、あるいは、一応パートナーがいながら奔放に性的欲求を満たしていたり、みたいな。本人はけっこう楽しそうに暮らしているんですよね。自覚しているかどうかは別として、快楽を求めながら死へ、という考えを体現しているような気がしないでもないです。レズビアンの知り合いも、ゲイほど奔放だったり快楽主義ではないけど、人生の計画を綿密に立てて……みたいなタイプはやっぱりいないなあ。私のまわりだけかもしれないですけど。

森山　そうですね。もちろん、そのこと自体を手放しで喜んでいいかはやっぱりわからないです。

「十年後、どうやって暮らしていったらいいのか」に対するビジョンを社会が提供できていないから、そうやって生きるしかないっていうところもあるかもしれないし。

能町 うんうん、そうですね。

森山 「世のなかに背を向けている」なんてたいそうなものではなく、単にそれが楽しいからそうしている、という側面もありそうですよね。ただ、その人がどういう理由で刹那的に生きているかにかかわらず、未来の方向を向くと私のものではない人生のロールモデルしか待っていないということ自体は、やっぱりもう少し批判されるべきかなと思います。

能町 ロールモデルみたいな何かが提示されていたほうがいいんですかね。

森山 うーん……そうですねえ……ロールモデルの提示は結局のところ「そうなりなさい」という別の規範の押し付けになるのではないかという不安はたしかにあります。とはいえ、中高生とか大学生とかの絶望を見ていると、やっぱり大人はロールモデルぐらい提示してあげないとさ、って思うところもあります。

少し古いデータにはなるんですが、二〇〇一年の調査(厚生労働科学研究エイズ対策事業)によると、若年層の非異性愛男性は、異性愛男性の約六倍の自殺未遂率であることが明らかになっています。[*3] 二〇一五年の研究では、非異性愛男性の65%が過去に自殺を考えたことがあるそうです。[*4] やはり、セクシュアル・マイノリティは死にたいと思わざるを得ない状況のなかで亡くなってしまった人、あるいはそこをなんとか生き延びた人である、ということは間違いないんです。僕の授業を履修して、そこで初めて自分の性のあり方について誰かに話したという学生もたくさんいるんですよ。個人的には、そういう若い人と接していると、「大丈夫だよ、こういうふうに生きられるから」って言わなきゃいけない、と強く思うんですよね。

能町　そうですね……。私たちは大人になるにつれて多少広い視野を身につけてきたけど、若いうちは自分のまわりだけの狭い世界で考えなきゃいけないことも多くて、閉塞感がひどいですもんね。

森山　なので、クィア・テンポラリティ論とか、そのなかの一部の、生きるっていうことに背を向けるタイプの思想に私が乗り切れないのは、「あなたが大人まで辿り着いているからそういうことを言えるのであって、そういうことを言う前に自殺しちゃってる人、いっぱいいるから」って思うからなんです。

能町　ロールモデルというのは、こうなりなさいっていう規範ではなくて、サンプルですよね。多少なりともうまくやっていけてるサンプルがあればあるほどいいですね。

＊3　日高庸晴ほか「わが国における都会の若者の自殺未遂経験割合とその関連要因に関する研究―大阪の繁華街での街頭調査の結果から―」（二〇〇八年）

＊4　日高庸晴ほか「ゲイ・バイセクシュアル男性の健康レポート2015」（二〇一五年）。また、「LGBTQ医療福祉調査2023」（認定NPO法人ReBit、二〇二三年）では、トランスジェンダー男性・女性の25・9％は自殺を考えた／自殺未遂をしたと回答している。

私たちが「幸福」に蝕まれないために

森山 「私の不幸は私が決める」とか、クィア・スタディーズのなかにある自己破壊的なまでの現状への抵抗のパッションへの共感とかと、セクシュアル・マイノリティのユースに「未来」を提示したいという気持ちのあいだで揺らいでます、という告白の勢いに任せて、「幸福」に対する揺らぎについても語っていいですか？

クィア・スタディーズには、「幸福」を求めること、求めることを強いること自体が持つ暴力性を暴くものがあります。[*5] その一方で、「できるなら幸せになりたい、なってほしい」という素朴な感情は、決して否定されるべきではないとも、私は感じるんです。

私のなかの揺らぎを丸投げするように唐突に能町さんに訊いてしまうのですが、「幸福」が私たちを蝕まないようにするために、私たちは「幸福」という観念とどのように付き合っていけばよいと思いますか？

能町 うーん……この「幸福」っていうのは、どういうものなんでしょう。かたちじゃなくて気持ちの問題っていうことですよね。

森山 はい、気持ちの問題です。

能町 不幸であること自体をアイデンティティにする、ということともちょっとつながる話ですけど、私は幸福を押し付けられたくないんだと思うんです。当然あらゆる人が幸福に向かいたいものだろう、って考えることが暴力的なのかもしれない。個人個人が幸福になりたいと思うのも、不幸に突き進みたいと思うのも、どちらも自由ですし。

たしかに私も、いろんな人に対して、不幸であってほしくない、幸せになってほしいっていう素朴な感情はあるんですけど、それは強制になっちゃいけないのかな、って。ちょっとレイヤーの違う話かもしれないですけど、幸せのかたちを典型的なものとして捉えないようにしようということは、ずっと心がけてます。私が個人的にやっている運動としては、誰々が結婚したよっていう話を聞いたとき「おめでとう」って言わないことに決めてるんです。かといって、別にわざわざ軋轢（あつれき）を起こしたいわけじゃないので、なにげない文脈のなかで知り合いの結婚のニュースを聞いたときは、びっくりするだけで終わらせます（笑）。「へえ！　結婚したんだ」とか、「えー！」みたいな感じで、とにかく「おめでとう」は言わない。

森山　なるほど、「幸福」認定それ自体が、「何を幸福と思うべきか」の押し付けになるのか。

能町　結婚した人に対しては、結婚制度に何の抵抗もなく乗ってみたの？という疑問もあるし、そもそもその人にとっておめでたいかどうかもわからないし、私は別におめでたくないぞ（笑）っていうのもあるし。それで、ある時から、結婚イコール「おめでとう」である、

＊5　Ahmed, Sara, 2010, *The Promise of Happiness*, Durham: Duke University Press.

という考えは捨てていこうと思ったんですね。

森山　幸福や不幸というものが幸福でない結果を生んでしまうのには大まかにふたつのルートがあると思うんです。ひとつは幸福のかたちそのものを他者が決めてしまうこと。もうひとつは、幸せになりたい、あるいはなってほしいといった、その幸せに関する私たちの希望が「人質」のような要素として他者をコントロールする材料になってしまうこと。個人的には、後者をずっと考えていました。「あなたに幸せになってほしい」を口実に、何か特定の生き方を強いていないか。能町さんがおっしゃっているのは前者ですよね。

能町さんとは少しスタンスが違うと思うんですが、「おめでとう」と言わないに関連して、僕もゼミ生などの学生と話すときに気をつけていることがあるんです。何か当人にとってよい出来事を報告してくれたとき、即座に「よかったね」と言うのではなくて、「それはあなたにとってうれしいことだったの？」と確認したうえで、Ｙｅｓであれば「なら本当によかった」と言おうと決めているんです。

能町　ああ、なるほど。

森山　たとえば、「恋人ができた」と言われたら、そもそも恋人ができてうれしいのかを念のため確認して、「それはよかった、幸せだね」と言ってあげるというか。その人にとってそれがよいことであったということを確認する前に、それをよいこととしない。そうすると、「へえー」よりはもう少し踏み込んで相手の幸せを願えつつ、相手に幸せのかたちを押し付けないではいられるかな、と思うんです。

「へえー」がクィア・スタディーズ的には「正しいふるまい」なんだ、みたいな認識って、裏返せばクィア・スタディーズは人を他人の幸福に無関心にしていく、とも思われてしまうわけです。でも、恋人ができても何も言わない、結婚しても何も言わない、子供が生まれても何も言わない、全部「ふーん」で済ますべきだって言われたら、「もうちょっと他人の人生に興味持てよ」って思いたくなるのもわかる気がして。

能町 うん、まあたしかに人間味がなさすぎる(笑)。

森山 他方で、そういうおべっかみたいな発言を絶対にしない孤高さも、それはそれでクィアに思えるんですよ。一貫して絶対「おめでとう」とか言わない、「ふーん」で終わらせるのも、それはそれでかっこいい。われながらブレてますね。

能町 私も、結婚については制度に対する反抗もあるので「おめでとう」を言わないって決めてるんですけど、子供が生まれたというニュースについては、もう少しゆるやかですね。他人に報告するということは、素直に考えれば子供がほしいと願って生んでいるわけで、「おめでとう」ということもあります。

森山 実際に産んだ人から報告されたら「お疲れさまでした」とは言いますね。とにかくあなたが出産という大仕事をしたことはねぎらいたい。産んだのは産みたかったからだろうとも思うんですが、カップルのどちらがどのぐらい子供がほしかったのかのズレがあったりすると、素直に「したいことができた」というわけでもないかもしれない。でもどんな場合でも「お疲れさまでした」は言えるし、言ってあげるべき、だとは思いますね。

「幸福」と「不幸」って、自他の関係とか、個人と社会の関係の歪んだ部分が色濃く刻印されがちな概念だな、とここまでの会話を振り返って思いました。その歪みから逃れるなら、「お仕着せの幸福よりも私だけの不幸を」「特注品の幸福こそ真の幸福」とでも考えるとよい、のですかね?

能町 そうですね、「幸福」についてはまだ簡単に突き止められない気がしますが、少なくともモヤモヤしていた「不幸」については輪郭がくっきりしてきたなと思います。不幸さ、不愉快さの絶対値が変わることはないですけど、かけがえのない自分の不幸なのだ、としっかり把握することで、他人からの評価にまどわされることはなくなりそうです。

第6章

「出過ぎた真似」と「踏み外し」が世界を広げる

「みんな」なんて
疑ってやる

聞いたこともない性的指向の人に会ってみたい

森山 クィアという言葉が持つ自己破壊的な性質というか、徹底的に反抗的でもあるような心性についてお話ししてきたのですが、私自身は大学教員であり研究者であるからなのか、どうしても「行儀のよい」感じの方向に話をまとめてしまうきらいがあって、われながら物足りないな、と感じることがあるんですよね。最終章では能町さんのお力も借りて、もう少しぎりぎりのラインを攻めてみたいんです。クィアという言葉にからめなくてもかまわないのですが、もっと「臨界」ぎりぎりに見える性のあり方についても、ぜひお話ししてみませんか。

能町 そうですね。どうしても性的マイノリティについてマジメに語るとなると、本人の悩みとか、社会の不寛容性とか、そういう方向に話が進んでしまいがちですが、マイノリティでありながらとくに悩むことなくそれを楽しんでいるとか、指向自体が犯罪になってしまうとか、そういったあまり取り上げられないテーマについても話してみたいんですよね。

というのは、私がフリーターだった二十代前半の頃、いわば自主フィールドワークをしていて、いろんな人と会ったという話をしましたよね（114ページ）。それは、「自分が何なのか知りたい」という以上に、「聞いたこともない性的指向（性嗜好）の人に会ってみる」というのがただ単純に楽しくて興味深かったからです。

私はネット上のいろんなところに出没しているうちに、性的な欲求が人にわかってもらえなくて悩んでいる人が集まるBBSに辿り着いたんですね。それで、そのオフ会に行ってみたんです。私は当時、今までの知り合いと会うときは男として、新しい知り合いと会うときは女としてふるまっているような過渡期の段階で、いずれ女として生きていくということにはすでに悩んでなかったんですけど、一応悩んでいることにすれば参加資格はあるかな、と思って。

集まったのは男八人、女二人の十人くらいだったと思います。カラオケルームを借りて、それぞれ、人には普通言えないような自分の嗜好をカミングアウトしていくんです。そして、慰め合うというか、否定はせずに話を聞き合う。主催してくれた方はすごくしっかりしていて。語った後は「どんな人がいるかわからないから、女の人だけ先に帰します」って言って、その人が駅まで送ってくれたあと男の人が解散するっていう、とても安心できるオフ会でした。

その会で私が一番すごいと思ったのは、巨大な女の人にひどい目に遭わされるということにしか性的興奮を得られない、という人。実在の人間では無理で、もう高さ何十メートルというイメージなんですよ。そういう人に踏み潰されるとか、握り潰されるとかじゃないとダメらしいんです。

森山 それはたしかにすごいですね……。

能町　特撮やアニメでしか起こりえないから、自分の欲望は絶対に満たされないし、そもそも、そういう状況のアニメすらほとんどないと言ってました。それは大変だなあ……って同情しました。

――アニメとかを見て、巨大な怪獣がもしも女性だったらって、自分のなかで想像して気がついたんでしょうか。

能町　うーん、そうかもしれないですね。

森山　その人が「自分は巨大女性好きな人間なんだ！」と認識したときのことをぜひ聞いてみたいですね。欲望を抱くことと、自分はそういう欲望を抱く人間だって自覚することとのあいだにはジャンプがあるので、そのジャンプがその人にとってどんな経験だったのかにとても興味があります。

1章でホモセクシュアルという言葉の成立について語ったことの繰り返しになりますが、「自分は同性を好きになる人間だ」というアイデンティティのかたちが生まれたのは、十九世紀です。これって大転換だったんですよね。

それ以降、個人の生育史において「同性を好きになる人間なんだ、自分は」って気づく人が出現する。同性を好きになることそのものではなくて、「同性を好きになる人間だ」という自己認識が生まれるっていうことがとても興味深いですよね。

能町　あーなるほど！　アイデンティティのすごく大きな柱が、ボンッて立つわけですね。

森山　そうですね。もちろん誰もがその柱が立ったときのことを覚えているわけではないと思うんですけど。柱が立つっていうこと自体は、極めて大きな出来事だと思うんです。「男として育てられてきたけれど、私は女だ！」という、性自認に関する柱の立ち方もあると思いますし。

能町　いわゆるノンケ、ヘテロセクシュアルだと、「自分は女（男）が好きになる男（女）だ」っていう柱はたぶん立たないですよね。私も、「柱が立つ」というのは遅かったですからね……。よくわからないままずっと過ごしてました。

他にも、直接会ったわけではないですが、ピアノにかけるビロードのカバーに興奮するという人をネット上で見たことがあります。人間すら必要なく、布だけでいい。これはむしろ簡単に実現可能ですが、なかなか他人には言えないですよね。

「どうせロリコンは認めないくせに」

能町　とてもデリケートな話になりますが、小児性愛についても考えてみたいです。というのは、小児性愛って、印籠みたいに使われることがあるんですよね。いろんな性のあり方を認めていこう、という話をしているときに、「じゃあロリコンも認めるのか」みたいなことを、鬼の首を取ったかのように言ってくる人を見ます。どうだ反論できないだろう、みたいな感じで。こういう人って、「どうせロリコンには反対するくせに。いろんな人を認めると言ったって、お前たちの都合のいい人だけを認めるんだろう」って言いたいんでしょうけど、じゃあちゃんと考えてみましょうよ、という思いがあるので。

森山 たしかに小児性愛は、LGBTなどの性のあり方と違って倫理的に受け入れられない、と考える人もいますね。ただ、クィア・スタディーズの研究者たちは、小児性愛の欲望を他の欲望と並べて劣ったもの、ダメなものと即断はしない傾向があると思います。むしろ、「欲望の善悪は問わないが、その欲望に基づいて行為してはならない」と考えるのではないでしょうか。僕もそう考えています。

僕の友人の湯川やよいさんという研究者が、非触法の小児性愛者にインタビューする研究をしています。インタビューの対象は実際に子供と性行為に及んでいない人です。やはり自分の欲望との折り合いの付け方に相当苦労しているそうです。

能町 さっき話したオフ会のとき、実は、小児性愛の人にも会ってるんですよ。その人は、はっきり言ってしまうと、行為に移している人です。だから……、まったく駄目なんですけど。

小柄で気の弱そうな感じに見える男性で、本人が言うには、親からもネグレクトを受け、学生時代も筆舌（ひつぜつ）に尽くしがたいようないじめを受けてきた。それで、同世代の女性を恋愛の対象として見られない、みたいなことを言ってた記憶があります。

その人が言うには、小学生くらいの子にしか興味が湧かないけれど、自分も相手も合意のうえで恋愛をしているのだ、と主張するんですね。合意じゃないと僕はそういうことはしません、って。そのとき実際に相手がいて、十三歳くらいで、お付き合いしているって言ってた気がします。向こうも僕のことを好きだから、これは自分のなかで納得しているって。その場は一応「その人の指向を否定しない」というルールでしたし、私もその日初めて会ってそういう話になったので、否定できる状況ではなかったんですが……。そういうふうに考えるのか、って、ショックもあったのでよく覚えてます。

森山　それは私もまったく受け入れられないですね。大人と子供の権力関係があるなかで、十三歳との「合意」を、合意能力のある者同士の適切な取り決めのように扱うことは、まったく許されないと思います。それは「どんな欲望のかたちがあってもよいのでは」という話とはきちんと切り離すべきではないでしょうか。

能町　まったくそうですね。相手の合意を得られたとは絶対に言えない状態なので、そこにはモラル、道徳、法律の問題があって、実行に移すのは犯罪になる。

ただ、当たり前の話ですけど、人が内心では何を考えようが自由ですよね。小児性愛の人たちが内心でそういうことを考える権利は当然ある……というか、考えてしまうこと自体はどうしようもない。子供にしか性欲が向かない、性愛感情が向かないっていう、そのメンタルは否定できないわけです。認める、認めないでは語れない。その人のなかに確実にあるものだから。

小児性愛でしかどうしても性欲が発散できないとか、極端な話、人を殺さないと性欲が満たされないとか、そういう人もおそらくいる。それを考えるまでは自由だっていうことを、こういったことを反論の材料に使うような人たちは把握できていない。

そもそもこういうことを考えることすら許されない、とする人たちもたまに見られますよね。そこはせめて分けて考えられないものかな、と思います。内心を制御するのってとても危ない。実際にそういう指向があるんだから考えるところまではしょうがない、って思えないんですかね。

森山 僕も「じゃあ、小児性愛はどうするんだ」論法をよく聞くんです。でも、「心のなかではみんな、いろんなセクシュアル・ファンタジーを持っているのでは？」としか言いようがないのではないでしょうか。もちろん行為に及ぶのは絶対にダメです。でもそれを言うなら、大半が異性愛男性である痴漢だって絶対にダメなのだけれど、そっちの行為は妙に許したりする考えの人にこそまず反省してほしい。

能町 そうですね。「あるんだもん」っていうことでは他の話と一緒。「だって同性愛の人はいるんだもん、いるんだからしょうがないじゃん」と同じ。ただ、小児性愛の場合は、行為は許されないという、そこを切り分けなきゃいけないというだけですね。

森山 繰り返しますが、なんでもしていい、という話ではない。してはいけない行為というものはあります。それとは別に、「いろいろなセクシュアル・ファンタジーがありますね」で済む話のはずなんですけど、済まない人はいるんですよね。

彼らの救いはどこにあるのか

能町 ただ、たとえば小児性愛なら、行為は絶対に許されないとなったときに、その人たちはどこに救いがあるのか……、誰も救う気がないんじゃないかな、っていうことに私は少しモヤモヤします。彼らの救いはどこにあるのかなって。

実際に会ってみて思ったんですけど、この人が自分の性欲に基づいて行動するとそれはすべて犯罪なのか……と、あらためて気づいたんです。恋愛がほぼそういう方向性でしか考えられないとしたら救いがないな、って。でも、もちろん彼らは声高に権利を叫べるわけもないし、果たしてどこに進むべきなんだろうって思ったんですよね。

森山 小児性愛の人たちの権利を認めるというのは、小児性愛者の人たちが実際に子供とセックスしたりする権利を認めることではないですよね。そもそも同性愛者の権利運動だってそうです。「私たちは男性が好きなので、どの男性とでも自分の都合でセックスできる権利を求めます」なんて主張はしていません。それと同じです。

では、実際に小児性愛の人たちが何の権利を求めているのか、どんな権利を保障したらいいのかというと、やはりカウンセリングなどにつながる権利ではないでしょうか。実際に犠牲者を生まないように、その欲望をコントロールするやり方を覚えてもらう。あるいはピアサポート（同じような悩みを持つ人たち同士の支え合い）につながれるようにするとか。

能町 そうですね……彼らが一方的に「許しがたい変態」「犯罪予備軍」として追いやられてしまうと、結果として子供の被害防止のためにもならないと私は思うんです。カウンセリングなりなんなりで、落としどころを見つける……という言い方が適切かわからないですけど、その人なりの妥協点を探っていく方向性がなきゃいけない。ひたすらあいつらは危険だとなじられるばかりだと、そこに辿り着けなくて、結局追いつめられて「実践」に近づいてしまうと思う。こういった性的指向が存在することは一旦認めざるを得ないこととして受け入れたうえで、それをどうするかを考えなきゃいけないのに、なんかこう……不当に迫害されているというか。

森山 迫害されていますよね。

能町 こういう方向性の話でいうと、『聖なるズー』（濱野ちひろ著、集英社、二〇一九年）がすごく興味深かったです。この本では、人間と動物との性的な親密さや性行為についても語られるんですが、もちろん動物側は人間にわかるかたちで性的同意を示せるわけではない。それでも、間違いなくこの合図は性的同意であると確信して行為に及ぶ人が登場します。子供を性的対象とする場合と違って、対動物だと成人と言えなくもないですが、それを人間の成人と同等に扱うべきかは疑問ですし……全体的にどう捉えるべきか、すごく難しい本ですが。

森山　言語を話せない動物とのあいだに性的な同意が成立するとは思えないので、小児性愛と同じく、動物との性愛も行為をするのはダメ、と私は考えます。じゃあ勝手に去勢させるのもダメじゃないのか、と問われたら……私はそれもダメだ、と言ってしまいたい気分もありますが、このあたりは動物倫理の専門家に意見を聞いてみたいですね。

話を戻しますが、性のあり方について、権利とか平等とか正義を考えるとき、他者との関係が重要になる場合があるわけですよね。いろんな性のあり方を認めるというのは、他人の意志を踏みにじってでもその性のあり方を実現させるみたいな話では、そもそもないんです。

欲望の充足は常に全部許容されるということなんて言っていない。私たちの社会の持っている別のルールと組み合わせて、許されるとか許されないとか判断されること自体は不思議なことでもなんでもない。

にもかかわらず、「性の話」になると特別扱いしてそれ単独で議論しようとしてしまう気がするんです。他人の意志を踏みにじっちゃいけないって、性と関係のないところでもそうですよね。窃盗しちゃいけないとか、と変わらない。そこで「性の話」だと、途端に「そういう気持ちを持つこと自体が気持ち悪い」、あるいは逆に「なんでもしていいと認めるのはおかしい」とか、そういう話になってしまう。みんな「性の話」の議論の仕方が下手なんですよ。

能町 うん、そうですね。ゲイの人もそういうふうに見られることがありますよね。ゲイだっていうことが知られると、冗談交じりで「俺のこと狙ってんの？」って言われたりとか。急に捉え方が雑になる。異性愛の人に対してはそんなこと言わないのに、なぜかそうなる。

合意の技法が最高に発達——ＢＤＳＭ

能町 いろんな性的指向の話をするついでと言ってはなんですが、いわゆるＳＭについても話してみたいんですよね。アブノーマルであるかのように言われがちな指向ですけど、広く知れ渡っているうえにとても洗練された印象があります。私自身も興味があるので。

森山 洗練されたＳＭにおいては、ここから先は同意していない、という行為に及びそうになったときには、きちんと引き返せるようにルールを作って、みんなでそれを守っていますよね。ＢＤＳＭ[*1]の面白いところは、同意内容を繊細な仕方でお互いに確認し合う技法が発達していることだと思います。

能町 ああ、たしかに。そういう捉え方は大事だし、面白いですね。

森山 たとえば、「映画館でデートしたい」と「鞭で叩いたり叩かれたりしたい」は、どちらも欲望ですよね。ただ、私たちの社会においては「映画館のデート」にくらべて「鞭で叩いたり叩かれたり」を嫌がる人は圧倒的に多い。にもかかわらず、多くの人が嫌がることに関してこんなに合意が成立して、きちんとお互いに嫌な思いをしないように楽しくそれをやれているっていうところが素晴らしいと思うんです。どうやったらこんなに危険なことをしながら、お互いに対して嫌なことはしないということが可能なのか。その技法の洗練のされ方自体が尊敬に値するところだと思います。もちろん最も単純なやり方としてはフリではなく本当に嫌がっていることを表明するための語句を設定しておく方法があるとは思いますが、たぶんそれだけではないんでしょうね。

能町 一般のセックスって、合意が曖昧なことが多いですよね。というか、合意が曖昧だからこそいいとか、言葉や契約が介在しないその雰囲気がいいじゃん、みたいな捉え方をされがちです。ぬるぬると始まることが多い。でも、BDSMは契約関係がすごくしっかりしているという捉え方ができますね。これはしよう、これはしない、ということを、相当お互いに綿密に打ち合わせしないといけない。それってたしかに、一般的なセックスでも見習うべき部分ですよね。合意がないセックスってトラブルの元ですもん。

森山 BDSMをやりたいと思わない大多数の人も、こんなふうに安心して安全にセックスってできるんだっていうことは、知っていてもいいと思うんですよね。極めて厳格に安全にコントロールされたSMに比して、「普通の男女の恋愛」のほうがよっぽどリスキーかもしれない。

＊1　Bondage（拘束）、Discipline（懲罰）、Dominance（支配）、Submission（服従）、Sadism（加虐）、Masochism（被虐）の頭文字から。快楽を求めて、同意の上で強い支配関係を楽しむ性的ロールプレイ。

BDSMは性別の組み合わせに重きを置いていない

能町 BDSM自体をセクシュアル・マイノリティと呼ぶのかどうかは私はよくわからないんですけど、経験則的に、BDSMを楽しむ人はいろんな性的指向に対する許容範囲が広い印象があります。それは、彼ら彼女らがちょっとセクシュアル・マイノリティとも近いというか、クィア的なメンタリティを持っているからじゃないかと思うんです。あと、母数も比較的多いと思うので、産業としてもある程度ちゃんと成り立っていますよね。そのあたりも私がBDSMに何らかの希望を感じる理由かもしれない。

森山 産業として成り立つというのは、BDSM文化における「細かいことにもきちんと合意形成が必要」という規範が、金銭の授受を伴うがゆえに漏れがないことを目指す商いの論理とフィットしたからかもしれませんね。

あと、BDSMに関して聞いて面白いなと思ったのは、性別の組み合わせに重きを置いてない人がけっこういるらしいということです。

能町 ああー、それもすごく魅力的ですね。

森山 つまり、BDSMをしない人は、たとえばゲイだったら男性が男性と、異性愛者の女性だったら男性と付き合ったりセックスすることがほぼ前提だと思うんですけど、BDSMだと、相手の性別じゃなくてプレイの好みが一致しているかのほうが大事という場合があるらしいんです。レズビアンと自認しているけれど、生ぬるいセックスを女性とするぐらいだったら、自分と同じくらいのプレイを好むSMのセックスを男性としたい、みたいな。

性的指向という概念に典型的ですが、私たちが思っている性の欲望のあり方とか恋愛感情って、性別の組み合わせをもとに考えられることが本当に多い。けれども、性別の組み合わせよりも優先したいことがある、というリアリティを持っている人がいる。このこと自体、性の多様性に関する私たちの見方に変更を迫る、ひとつの良い例なのかなと思います。

能町 率直に言って、私はBDSMの世界がすごく好きなんですよ。第三者とそういう行為を楽しんだことは残念ながらまだないんですけど……ごく個人的な話になっちゃいますけど、私が見るアダルトビデオはほぼそれです。それも、実際の性行為を伴う場合は全然見る気がしなくて、純粋にBDSMの行為自体が好みなんですよね。私が好き……というか私のツボにはまるのは（笑）、つらい思いを我慢しているところなんですよね。

――つらいというのはどういうことでしょう、痛いとか？

能町 えっと……こんな個人的な話していいんですかね（笑）？　よくイメージされる、鞭とかロウソクみたいな痛覚に訴えるものは苦手で、不自由な状態がすごく好きです。緊縛とか、五感をふさがれるとか、いろいろあるんですけど。その不自由な思いをしている側は、女でも男でも実はどっちでもいいです。そのつらい状態にはまっていることが私にとって一番大事なので。ビデオでは主に女の人がそういう目に遭っているものをよく見ますけど、それはたぶん絶対数が多いからで、男でも全然いいです。実際男の人がひどい目に遭っているものも探して見てみたことありますし。BDSMでは性別の組み合わせにこだわらないというのは、私の場合まさにそうですね。

森山 性的なファンタジーにおける「嫌がっている」感の扱いって、人それぞれで興味深いし、難しいところでもありますよね。僕はどうしても女性と男性がセックスをしているシーンが苦手なんです。日本のゲイ男性とかバイセクシュアル男性向けのポルノグラフィって、そこに出ている男性の出演者が異性愛者であることをアピールするものがかなり多いんです。

能町 それって、「本当は嫌だけど、仕方なく男とやる」みたいなスタンスなんですか？

森山 それもありますね。ただそもそも、出演者が本当はゲイじゃないとアピールするのに最も典型的なやり方は、女性と実際にセックスさせることです。男女がセックスしているのを見るのが好きなゲイはいっぱいいますよ。ただ、私は「この女性は本当は嫌がっているのではないか」とどうしても気になってしまうんですよね。

能町 そうなんですね。へえー。

森山 それから、さっき能町さんがおっしゃったように、男とセックスすることを嫌がっている素振りを見せることで、男性出演者の「ノンケっぽさ」を演出する手法もありますね。私はこれも苦手です。

能町 あっ、うちの同居人はまさにそれが好きなのかも。「ノンケっぽさがいいわー」ってすぐ言うから（笑）。

森山 ええ、そうなんですか。そこはサムソン高橋さんと僕は趣味が合いませんね（笑）。……ただ、このとき私は、「この異性愛男性は嫌なことをさせられているのでは？」という、女性の出演者に関して感じる不安と同じ不安を感じているわけではないのを告白しなければならないかもしれません。むしろ私は腹を立てている気がします、「なんでノンケに欲情しなきゃいけないわけ？」って。「あんたってむしろ、私とかを差別する側の人間だよね」と思うと欲情してやる気にならない、という八つ当たりみたいな義憤に駆られてしまって（笑）。

能町 あはははは。私は、さっき言ったようなビデオで言えば、本当に嫌がっていそうだと見ていてきついですね。仮に芝居だとしても、こういう行為をさせられること自体が心からつらい、っていう表象を演じているもの……とくに日本の作品ってそういうのが多いんですけど、それがかなり苦手です。めちゃめちゃ合意のもとでやっていてほしい。
　だから私、海外のものばっかり見ちゃうんですよね。海外だと、たとえば男の人がカメラを回していて、服を着たノーマルな状態の女の人がその人と仲良さそうにしゃべっている。で、そろそろやる?みたいな感じになって、女の人が少しずつ脱がされて縛られていったりする、みたいなものがたくさんあります。行為の途中も、女の人は身体的には大変そうなんだけどちょっとどこか楽しそうだったりして。それを見ると冷めるっていう人もいるんでしょうけど、私はこういうのじゃないと逆に嫌です。

森山 そもそもアダルトコンテンツを作るときの倫理上のコードとして、これは合意に基づくプレイだと作品のなかで示す、というものがあるんでしょうね。男性同士のSMプレイを扱った作品でも、必ずひとプレイ終わった後、ふたりが肩を組んで半裸でしゃべっているシーンが挟み込まれていたり。

能町 それはそれで、ちょっとわざとらしいですけどね(笑)。

森山 とても和やかですよね(笑)。「自分たちがさっきまでやっていたプレイは演技だから、本当にどっちかが嫌がったりしていたわけじゃない」と示すために必要とされているシーンですよね。僕はあれがあると安心します。「ああ、この人たちは仕事として、本当に気持ちよいのかはわからないけれど、少なくとも嫌だとは思わずにやってたんだな」って。

能町 ああ、そこは私たち似ていますね(笑)。

森山 もうひとつ、私たちの会話から抜け落ちてしまう要素について話しておく必要があるかもしれません。つまり、そもそも人というのは他者に対して恋愛感情や性的欲望を持つものだ、という前提は、とても強固であるがゆえに相当丁寧に疑っておかないといけない、ということです。能町さんも私も、性的な欲望を持っているタイプなので、私たちの対話はやはり「どんな欲望があるのか」という枠組みに乗っているようにも思うんです。

能町　「丁寧に疑う」とは、たとえばこんなことです。まずは恋愛感情を抱かないことと性的欲望を抱かないことを勝手に連動させない。セックスはしたくないが恋はしたい、はありえますし、恋はしたくないがセックスはしたい、もありえますよね。恋はしたくないしセックスもしたくないが、自慰行為はしたい、という場合もあるでしょう。それから、性的なものにかかわらず、あるいは相手が恋人か否かにかかわらず、身体的な接触全般を避けたいと感じることもあります。こういった感覚を一緒くたにして語らないよう注意しながら「欲望のなさ」について知り、考える必要があると思います。

そうですね、何かをすでに持っている人が、持っていないことを想像するのは難しい。自分があまりにも当たり前に持っているものや、当たり前に関連付けていることは、そう考えているということすら認識しづらいので、そこに気づいていくことが大事ですね。

外側に向かって倒れながら開いていく「みんな」

――最後に、クィアの姿勢を、セクシュアル・マイノリティの問題以外にも見えるかたちで広げるにはどうしたらいいのか、ヒントを教えてほしいです。私はクィアの、既存の制度にわざと乗っていいとこ取りをするみたいな態度が、痛快で魅力的だと思ったんです。私自身、多く

の規範に縛られる社会に生き苦しさを感じていました。そんななかでクィアのことを知って、可能性みたいなものを感じたんです。

一方、森山さんがおっしゃる、「あなたがこの言葉を使うな」ということ、マジョリティである自分はクィアという言葉を軽々しく使えるような経験をしてきていないこと、そしておふたりがこの対談でお話しされていないけれど、いろいろな経験をなさっているであろうことも身にしみてわかりました。では、私たちマジョリティがクィアから学びとり、そして生きづらさを少しでも減らしていくには、クィアのどのような部分を活かしていけるでしょうか。

森山　本書冒頭の手紙のなかで、クィアという言葉を誰もが「自分ごと」とすることを目指すのは違うのではないか、というお話をしました。他方で、クィア・スタディーズの発想、というかクィアという語に賭けられたものは広く共有されるべきだと思うんです。この煮え切らないようにも見える立場について、「みんな」という言葉を手がかりに考えてみたいんです。

私たちが持っている「みんな」っていうイメージって、全然みんなじゃなくて、一部分でしかないので、その「みんな」から取りこぼされるものに向き合おうとするとき、クィアっていう言葉がそこにスローガンとしてあると思うんです。だけど、このクィアというのは、その取りこぼされた人々を、「みんな」の枠のなかに入れよう、取り込もうという話じゃない。そうではなくて、その外側にこぼれてしまったものに向かって、「みんな」

は外と内という考え方そのものを崩す仕方で壊れていく。「みんな」は拒絶されるのかもしれないし、新しい「みんな」が生まれるのかもしれない。そういう動きこそがクィアなんですよね。

能町 「私たちが持っている「みんな」っていうイメージって、全然みんなじゃない」という言い方にはハッとする人が多いと思います。私はその言葉だけでも勇気づけられますね。

森山 だから、クィアを「みんな」に結びつけようとするふるまいは、「みんながクィア（でありうる）」みたいな包摂にはならない。少なくとも一度は、「私たちは「みんな」なんかじゃない」「「みんな」なんて疑ってやる」という態度を経由すべきだと思うんですよね。たとえば、クィアというものは既存の制度に乗っかりながら、それを自分なりに流用していくみたいなところもあるし、既存の制度に対して他の人が馴れ合っちゃうところですら馴れ合わず、徹底的に反旗を翻していくところもありますよね。死に向かって突っ込んでいくみたいなものもクィアの態度です。

これらの立場って、既存の制度に対してシリアスに対峙するのとは別のやり方に見えるんです。既存の制度にシリアスに対峙するのって、制度の理想を想定してそこに向かって一歩足を進める、みたいな感じがあると思うんです。それ自体は大事だと思うんですけど。クィアっていう態度には、「そういうのやってらんねえわ」っていうスピリットがある。そうすると、全力で逃げるか、使いこなしてやるとか、いろんなある種、不真面目と言われかねないようなやり方を進んでやるっていうところがあるんですね。

そもそも、それが不真面目に見えるのは、制度がそれを不真面目だと規定しているからなので、その不真面目さみたいなものを、けっこう本気で真面目にやってみる。それって、「みんなから爪弾き（つまはじ）にされる、を真面目にやってみる」みたいなところもある気がするんです。

ずるい、図々しい、厚顔無恥！

能町 私は、自分が意図せず取っていた態度がかなりクィア的なものに当てはまっていたのがうれしいです。クィアには「図々しい感じ」もありそうですね。

森山 たしかに。

能町 「図々しい」という言葉で表される人は、とくに今、すぐに叩かれる対象になりますね。

伊是名（いぜな）夏子さんというコラムニストの方は、骨形成不全症で身長が百センチくらいしかなく、ふだん車椅子を使っているんです。彼女が二〇二一年四月に旅行をしたとき、JR熱海駅の隣の来宮（きのみや）駅で降りようとして、電車に乗る三十分前に小田原駅の駅員に行き先を伝えて車椅子対応をお願いしたんですね。そしたら駅員さんは、そこは無人駅だから降りるのは無理、有人駅の熱海で降りたらどうか、と提案してきたらしいんです。でも、彼女はそこでかなり反抗したそうなんですよ。駅が使えないのはおかしい、熱海からタクシーを使わせてそのぶんを負担させるのはおかしい、と言い張り、エレベーターがない駅は合理的配慮をする義務があるとする障害者差別解消法も持ち出して粘った。そして結局ＪＲ側が折れ、来宮駅で他の駅から動員した駅員四名に介助させることに成功した。それをブログに書いたら、クレーマーだ、図々しい、とめちゃめちゃ叩かれたんですけど、私はすごくかっこいいなと思ったんです。それだよそれ！って。

車椅子ではたしかに行けないところが多いけれど、なんで行けないんだ？　私が悪いんじゃない、行けないっていうそのシステムが悪いんじゃないか？　っていう素朴な疑問をうやむやにしない態度がいい。引き下がって、わかりましたタクシーで行きます、って言って何千円か払えばむしろ早く着くし、旅行もスムーズに進む話なんですよ。でも、そこをがんとして引き下がらない。自分の要求を絶対に通す図々しさ。これもクィア的な精神だと思いましたね。

森山　生意気だっていう「みんな」の声に負けない、みたいな。

能町　ずるい、図々しい、厚顔無恥、そういう言葉で語られるくらいの態度の大きさがほしいです。

もうひとつ例を挙げると、二〇一〇年の第七回プライドパレードの女子フロート（パレードで装飾が施された台車）のテーマが「She Loves Her」だったそうで、そのフロートには、女性カップルが上に乗っかって、女同士でもこんなに愛し合えるよ、みたいなことをアピールするトラックがあったらしいんです。今年のテーマはマリアージュだ、と言った人もいたようで。

そしたら、それにものすごく反発するレズビアンの人たちも集まったんですって。マリアージュがゴールってどういうことだ、ひとりだってレズビアンだし、結婚というシステムに乗っかってんじゃない！って主張して、筆文字で「貧乏女参上！」「婚姻制度反対！」「少子化上等!!」って書いたプラカードをたくさん掲げたパペットを二体出して、後ろからついていったらしいんです。それも私、なんかいいな、と思った。

セクシュアル・マイノリティじゃなくても、何かに理不尽に従わなきゃいけない状態になったとき、がんとして譲らなかったり、突っぱねたり、図々しく制度の隙間を突いて素通りしてみたり。そういうスタンスの人が今少なくなってる気がする。強く言われたら「しょうがないや」って従順になっちゃう人がとても多いし、そのうえ、大勢に従わない人に対する第三者からの「従えよ」っていう圧力も最近すごく多いと思います。それに抵抗するために、クィア的な精神性を応用できる部分ってありますよね。

踏み外したり、出過ぎたりが世界を広げる

森山 つまらないキャッチコピーみたいではあるんですが、結局、出過ぎた真似だけが世界を広げることができるんですよね。出過ぎないといつも、世界はその大きさのままなので。

能町　うん。まったくその通りです。

森山　「出過ぎた真似していこうぜ」っていうのが、クィアという言葉がいくつもの文字通りの屍（しかばね）を生み出しながら、それでも貫いてきた反抗的な態度なのかな。「出過ぎない」って枠のなかにいつづけることですから。

能町　枠のなかにいつづけるって、まさにステイホーム状態ですよね（笑）。

身近な話で、私は最近絶対に人におすすめできないことに魅力を感じてしまったことがあって。コロナが最初に流行り始めた二〇二〇年の四～五月ぐらいって、みんなピリピリしてましたよね。私もあまり外で人とは会わなかったんですけど、ひとりでよく散歩はしていたんです。そんな時期に、ふらっとうちの近くの赤羽駅のあたりを歩いてたら、ラーメン屋にめちゃくちゃ人が並んでたんですよ。飲食店が避けられ、「密」もすごく怖がられ、そういう行いをする人を責める目線も鋭くなっていくなかで、平気でラーメン屋に並ぶ人がいる。それを見て、妙に私は心強くなっちゃった。私はそのときコロナが本当に怖かったからそんなことできないけど、人って本来こんなもんだよね、ラーメンくらい食べたいよねって、そのアウトローな感じに少し惹かれちゃいました。

もちろんステイホームの時期で、コロナを防ぐためには外食はしないほうがいいし列になるべきじゃない、それは当然です。でも、ここである程度踏み外す人がいるのが自然だよね、って、少し気持ちが楽になったんですよね。

森山 今、能町さんは「踏み外す」とおっしゃって、僕はさっき「出過ぎた真似」と言ったんですけど、「出過ぎた真似」と「踏み外す」って、分けられないんですよね。で、その分けられなさは、たぶん世界にとっての希望なんだなって思いました。

出過ぎた真似って言うと、かなり意図的なふるまいみたいに感じますが、踏み外しているときって、意図的にその外側に行っているかわからない。反抗的な態度を意図的に選んでいるところもあるんだけれど、他方で、クィアという言葉には、私たちが意図せずやってしまった失敗と思われる何かが、私たちのやれることとか、私たちの生き方を広げるみたいなことに対する、楽観的な希望みたいなものも含まれていると思う。

私たちが「出過ぎた真似」「踏み外し」をよくわからないままに行っているということを忘れないって、大事なことかもしれないですね。

——なんか両方ともすごい人間らしさ、生命力を感じました。

能町 そう簡単に型にはまってたまるか、って。

森山 だから、クィアって単純に「みんな」のためのものではない、んですよね。「みんな」でない、「みんな」でいられない、「みんな」でいたくない「みんな」のためのものなんだと思います。ここにある矛盾というか、不安定さのなかに、変化の兆しを見いだし、時に育てていく、そういう可能性を手放さない、というのがクィアという語に賭けられているものなんだと思います。

能町　よくあるまとめ方だと「私もあなたもみんなどこかクィアなんだ」みたいになるところですが、そんな言い方では完全に本質からずれてしまいますよね。誰にも秘められている要素というわけではなく、クィアというのはもっと動的なものであるように思います。だから、どんな人にも起こりうることではあるんだけど、動きや変化、価値観を揺さぶることを目指すところにしか芽生えないものなんじゃないかな、と思いました。

おわりに

これを告白するのは恥ずかしいのですが、私は「本を読めない／極端に読むのが遅い」という理由でアカデミックな世界から離脱したことがコンプレックスになっています。そのため、多くの読書や分析からの広範な知識に裏打ちされた人たちには、仮にその人が明らかに私から見て間違ったことを言っていたとしても正面切って反論する勇気を持てません。私には、自分自身の体験から導き出したごく個人的なことしか語れないのではないか、という不安が常につきまとっています。

本文中で私は「メディアウォッチャー」と呼ばれたりもしていますが、とんでもない話で、卑近な、手の届く範囲のものしか見ていないと自覚しています。私の語ることには、体験から来る真実味だけはあるでしょうが、一般化に至る説得力は持たないであろうと、そういう否定的な思いが昔から強くありました。この対談に際しても、正直に言えば私は事前に相当身構えており、私がふと思いついたことなんて、歴史を辿って研究している森山さんの前では何の力もないんじゃないかと不安ばかりでした。

だから、森山さんとの対談にあたっても、森山さんが鮮やかに導き出してくれる説得力のある言葉に対し、話し慣れてもいない自分の言葉はあまりにフワフワと舞って吹き消えるようで、実は話している最中、非常に心許なかったです。実際、対談の書き起こしを最初に見たときは絶望に近い思いで、曖昧な間投詞だらけで全体を覆われた、何か言っているようで何も言っていない自分の言葉に愕然としてしまいました。

しかし、森山さんの語りを受けるかたちで自分の語りの言葉を書き言葉として整えていくなかで、自分の思いは削り出された木像のようにじわじわとかたちとなって、こういうことが言いたかったのかと、自分自身で確かめるような気持ちになっていきました。だから、――(「はじめに」からの返答で、)おっしゃるとおり、私たち、けっこう面白い対話ができたんじゃないかな、と今は自負しています。

この本を作るにあたってはもちろん何度もはじめから読み返し、かなり手を入れて書き直していますが、読み直すたびにワクワクし、満足感に浸っていました(さっきとはうってかわって自画自賛になり、これも恥ずかしいですが)。このテーマですから、どうしても社会に一石を投じる類の本だと思われて、少し腰を据えて読み進めなきゃいけないいな、と思われそうですが、同時にワクワク感に満たされた本でもある、ということを感じてもらえたら幸せです。

いや、ワクワクだけでも足りません。ヒヤヒヤするかもしれませんし、何か責められたような気分でイライラしたり、何様だコイツ、という思いでムカムカするかもしれません。逆に、全然言い足りてないぞ、と思うこともあるかもしれません。そのくらいのほうが普通じゃないかと思います。そのくらいでないと、私たちも語った甲斐がありません。

ところで、この本を読んだ方は果たして気づいたでしょうか。冒頭で私たちが、セクシュアリティをとくに表明していないことを。実は、私自身も最初は気づいていませんでした。論文などの硬い文章ならいざ知らず、こういった、口語・対談という柔らかいかたちでクィアなどについて語るとき、あるいはセクシュアル・マイノリティの当事者が出てくる小説／映画／漫画などが紹介されるとき、おそらくこれまでほとんどの場合、登場人物のセクシュアリティが最初に明確になっていたと思います。つまり、ゲイである森山至貴とトランスジェンダーである能町みね子の対談、というふうに通り一遍の紹介をしたり、フィクションであれば「レズビアンの主人公が〜」とあらすじで簡単に書いてしまったり（文中、私が作品を紹介するときはこれをやってしまっていますが）。こうして先に人物を簡単な箱に収めると、読者は安心するってものです。「なるほど、Aさんはレズビアンなのだな、レズビアンだからこのようなことを考えるんだな」みたいに。

私たちはこれを自然とやりませんでした。やるべきか？という話すら出ませんでした。

もちろん、テーマがテーマですから、途中で自分自身の属性や指向などについては十分に語っています。しかし、このように「最初にまず自分たちを箱に入れない」という姿勢をごく普通に取れたことは、私にとって非常に気が楽でした。セクシュアルなことについてインタビューを受けたり、プライベートで何か聞かれたりするときに、この「通り一遍」を一度やらなければいけないことが地味だけどじわじわと効いてくる負担だった、ということに今さら気づきました。クィアな姿勢は人を楽にしますね。

くそみたいな世のなかだけど、文学で、映画で、時にはバラエティでも、クィアな要素を持つ作品は少しずつ増えているような気がします。そんな萌芽が見えるたびに少しは明るい気持ちになろうというもの。本日もSNSには冷笑仮面が大挙しており、私たちはそんな冷笑軍に対して時にしっかりと激怒したり、また時には本気で潰してこようとする者をおちょくったりもしながら、やっていかなきゃいけません。慣れろよコノヤローと思いながら、軽やかにやっていくのだ。

最後に、「はじめに」からの繰り返しになりますが、この対話と書籍にかかわってくださった皆様に心からの感謝を。図々しく踏み外していきましょうね。

二〇二三年五月　能町みね子

森山至貴『LGBTを読みとく――クィア・スタディーズ入門』ちくま新書、二〇一七年
森山至貴『10代から知っておきたい あなたを閉じこめる「ずるい言葉」』WAVE出版、二〇二〇年
能町みね子『結婚の奴』平凡社、二〇一九年
能町みね子『トロピカル性転換ツアー』文春文庫、二〇一三年
新ヶ江章友『クィア・アクティビズム――はじめて学ぶ〈クィア・スタディーズ〉のために』花伝社、二〇二二年
ジェローム・ポーレン著、北丸雄二訳
『LGBTヒストリーブック――絶対に諦めなかった人々の100年の闘い』サウザンブックス社、二〇一九年
清水晶子『フェミニズムってなんですか?』文春新書、二〇二二年
河口和也『クィア・スタディーズ』岩波書店、二〇〇三年
パット・カリフィア著、東玲子訳
『パブリック・セックス――挑発するラディカルな性』青土社、一九九八年
杉浦郁子・前川直哉
『「地方」と性的マイノリティ――東北6県のインタビューから』青弓社、二〇二二年
映画『片袖の魚』製作委員会編『点から線へ トランスジェンダーの〝いま〟を越えて 映画『片袖の魚』より』旅と思索社、二〇二一年
『トランスジェンダーとハリウッド:過去、現在、そして(原題:Disclosure: Trans Lives on Screen)』サム・フェダー監督、二〇二〇年

著者紹介

森山至貴（もりやま・のりたか）

1982年神奈川県生まれ。東京大学大学院総合文化研究科国際社会科学専攻（相関社会科学コース）博士課程単位取得満期退学。東京大学大学院総合文化研究科国際社会科学専攻助教、早稲田大学文学学術院専任講師を経て、現在、同准教授。専門は、社会学、クィア・スタディーズ。著書に『「ゲイコミュニティ」の社会学』（勁草書房）、『LGBTを読みとく―クィア・スタディーズ入門』（ちくま新書）、『10代から知っておきたい あなたを閉じこめる「ずるい言葉」』『10代から知っておきたい 女性を閉じこめる「ずるい言葉」』（WAVE出版）がある。

能町みね子（のうまち・みねこ）

1979年北海道生まれ。文筆家、イラストレーター。著書に『私みたいな者に飼われて猫は幸せなんだろうか?』（東京ニュース通信社）、『結婚の奴』（平凡社）、『私以外みんな不潔』（幻冬舎）、『皆様、関係者の皆様』『お家賃ですけど』『トロピカル性転換ツアー』（文春文庫）など。執筆活動に加え、『久保みねヒャダこじらせナイト』（フジテレビ）、「久保ミツロウ・能町みね子のオールナイトニッポン」（ニッポン放送）への出演や、『ニュースLIVE! ゆう5時』（NHK）で大相撲の解説を担当するなど、テレビやラジオでも活躍。

慣れろ、おちょくれ、踏み外せ

性と身体をめぐるクィアな対話

2023年 7月 1日　初版第1刷発行
2023年11月30日　初版第2刷発行

著者　森山至貴　能町みね子

ブックデザイン　佐藤亜沙美（サトウサンカイ）
編集協力　小西優実
DTP　越海辰夫
編集　仁科えい、鈴木久仁子（朝日出版社第二編集部）

発行者　小川洋一郎
発行所　株式会社 朝日出版社
〒101-0065 東京都千代田区西神田3-3-5
tel. 03-3263-3321　fax. 03-5226-9599
https://www.asahipress.com/

印刷・製本　図書印刷株式会社

ISBN978-4-255-01348-0　C0095